TODOS OS DIREITOS RESERVADOS

2024

Nenhuma parte desta publicação pode ser reproduzida, distribuída ou transmitida de qualquer forma ou por qualquer meio, incluindo fotocópia, gravação ou outros métodos eletrônicos ou mecânicos, sem a permissão prévia por escrito do editor, exceto breves citações incorporadas em resenhas críticas. e outros usos não comerciais específicos. Qualquer réplica não autorizada desta obra é proibida.

Bruno Silva

MAMÃE

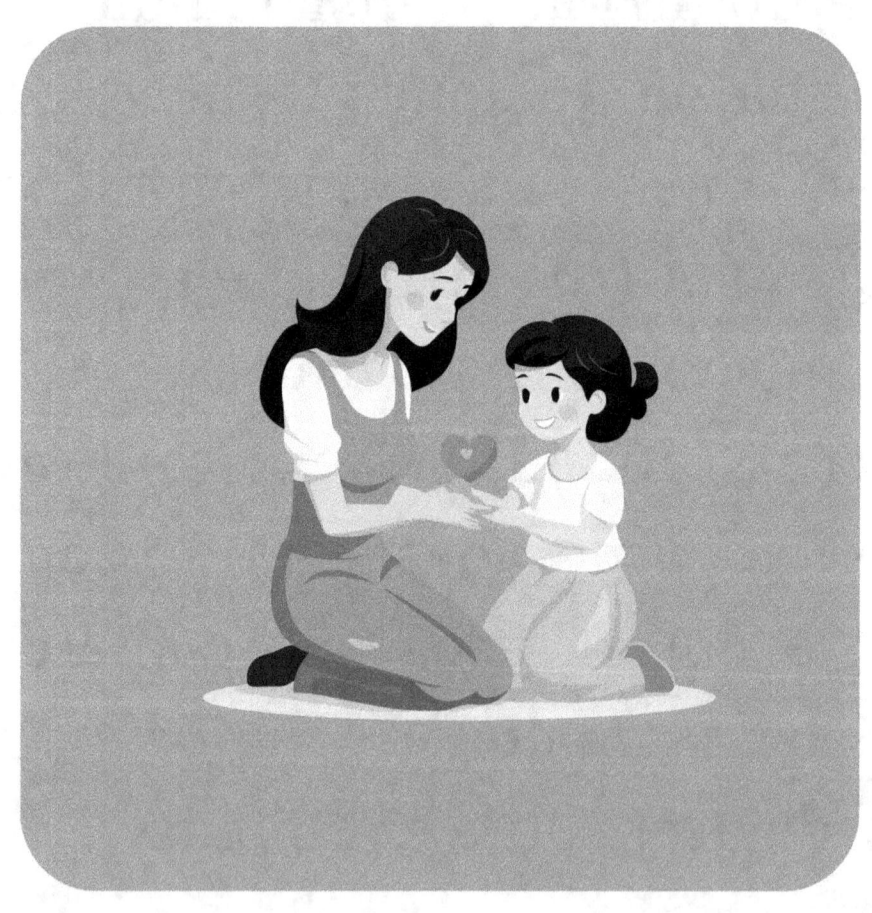

PAPAI

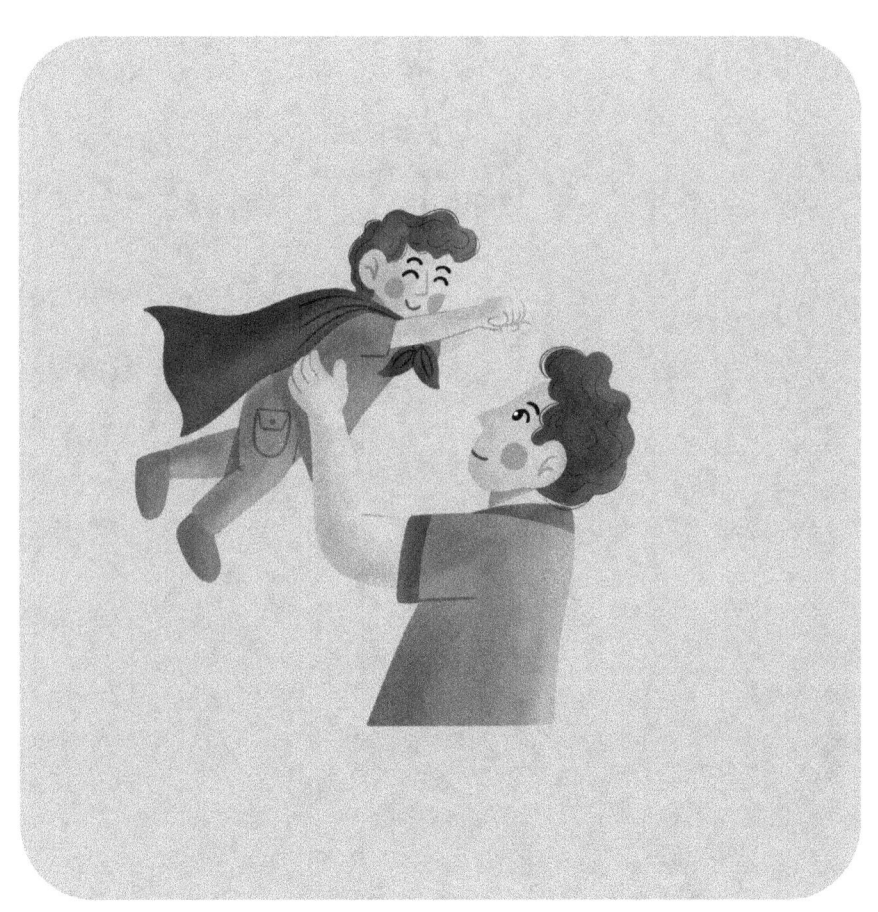

ÁGUA

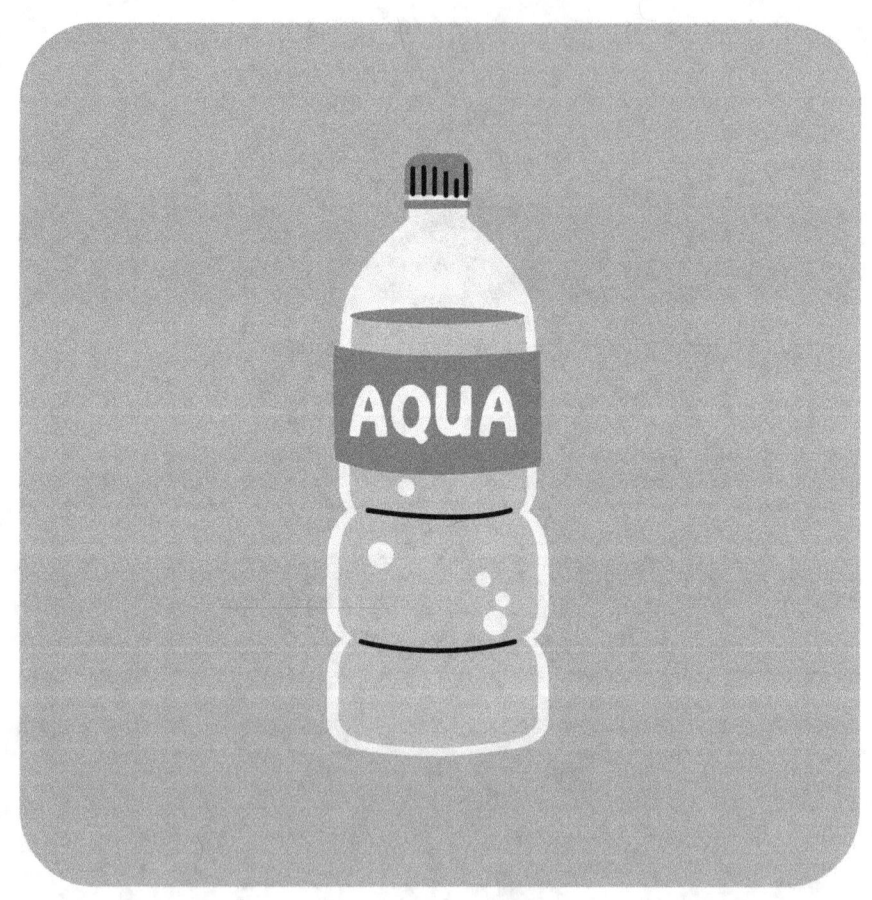

LEITE

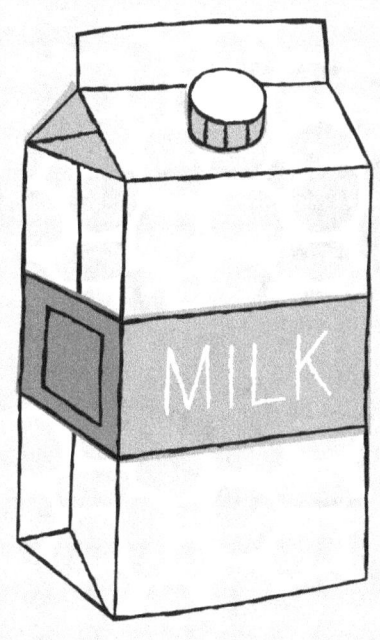

BOLA

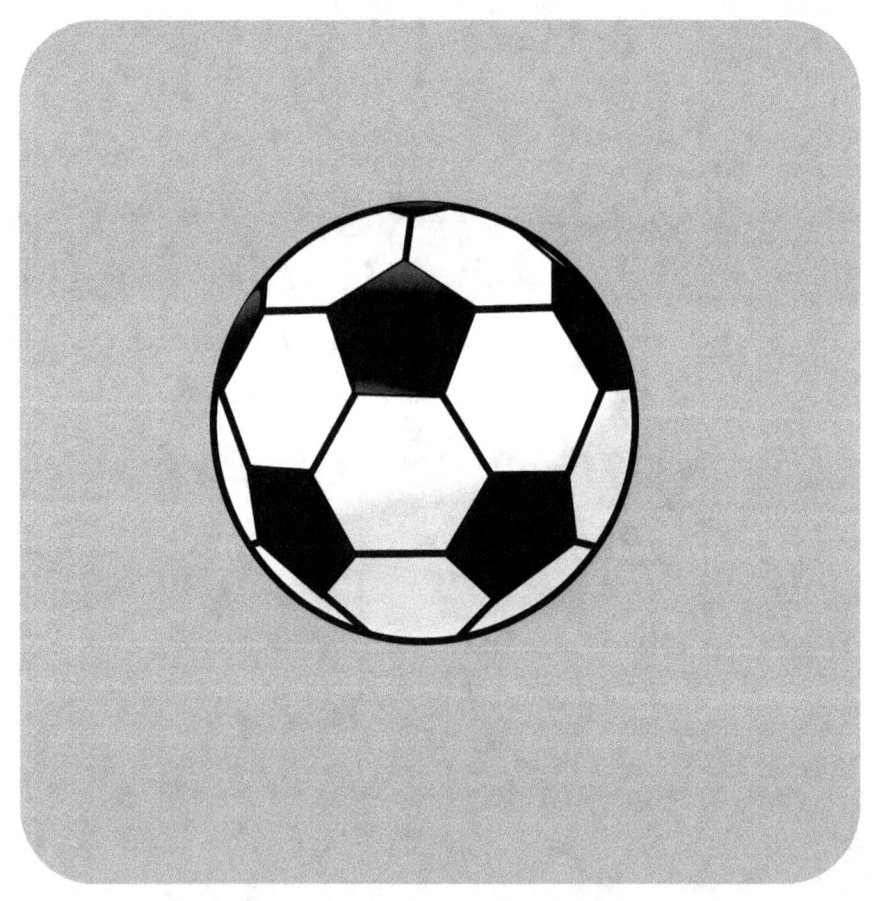

BRINQUEDO

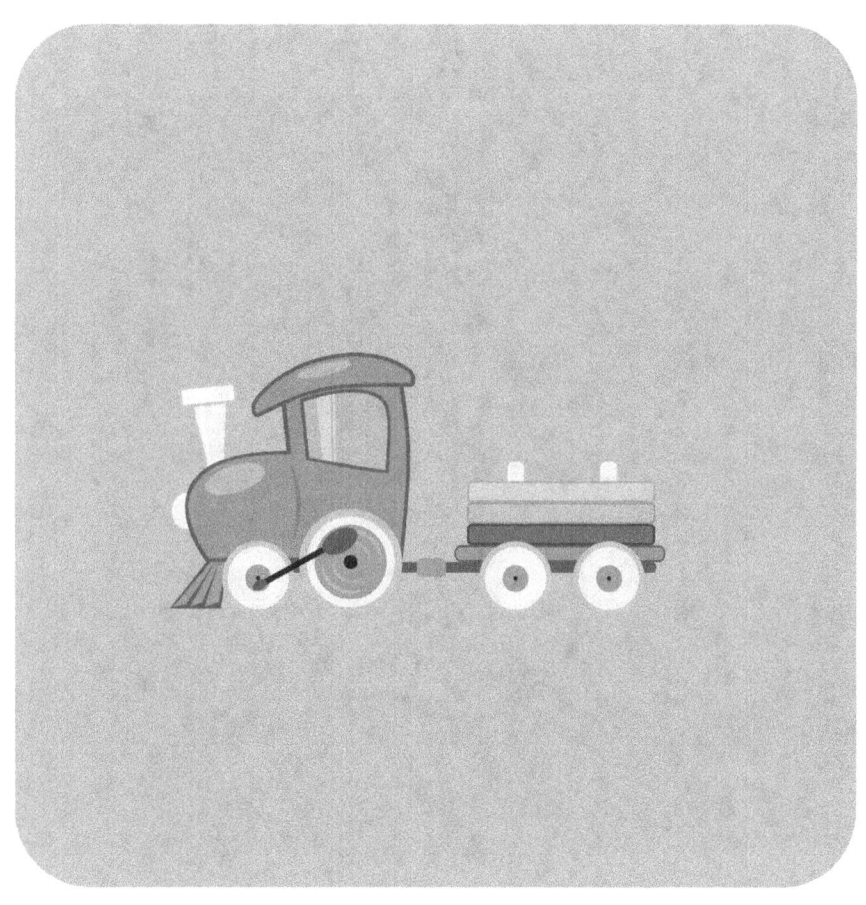

CACHORRO

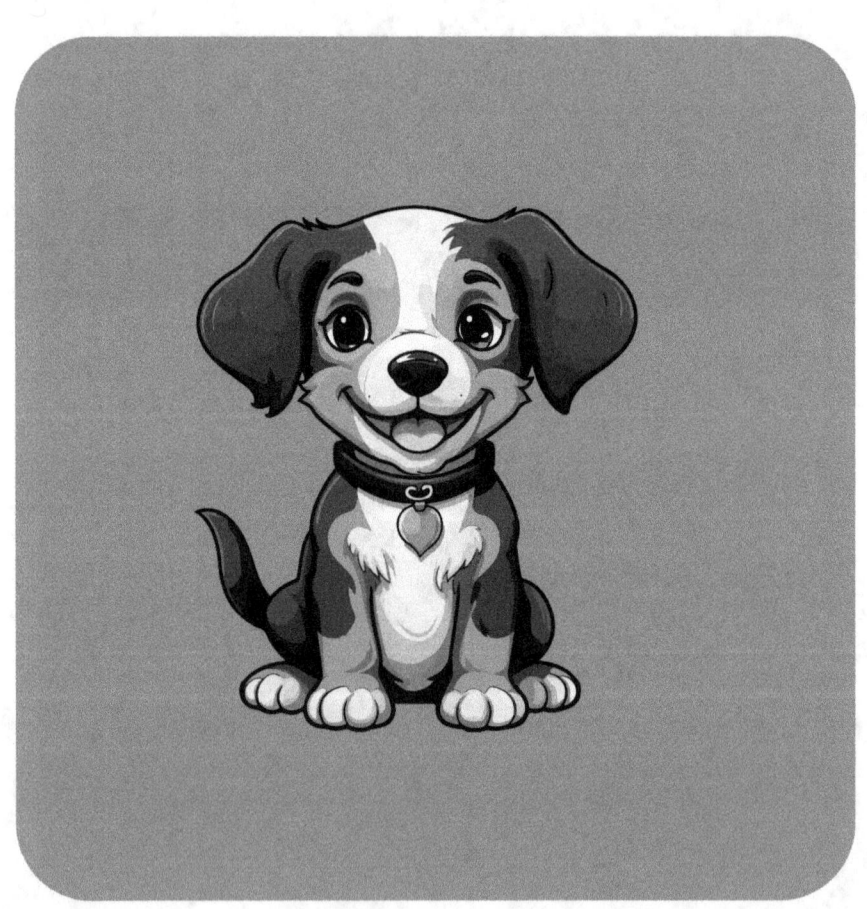

GATO

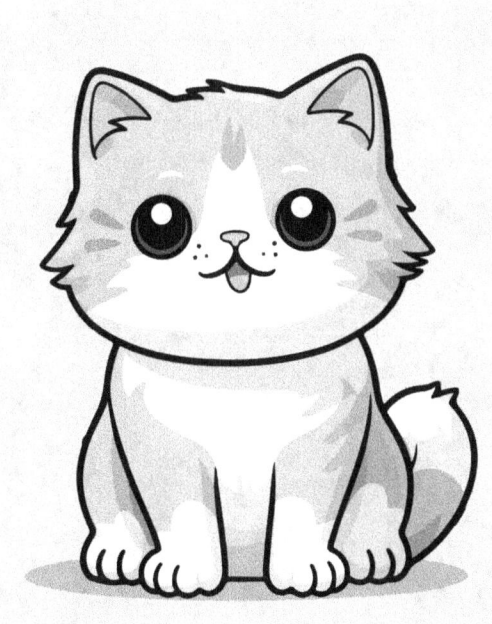

PEIXE

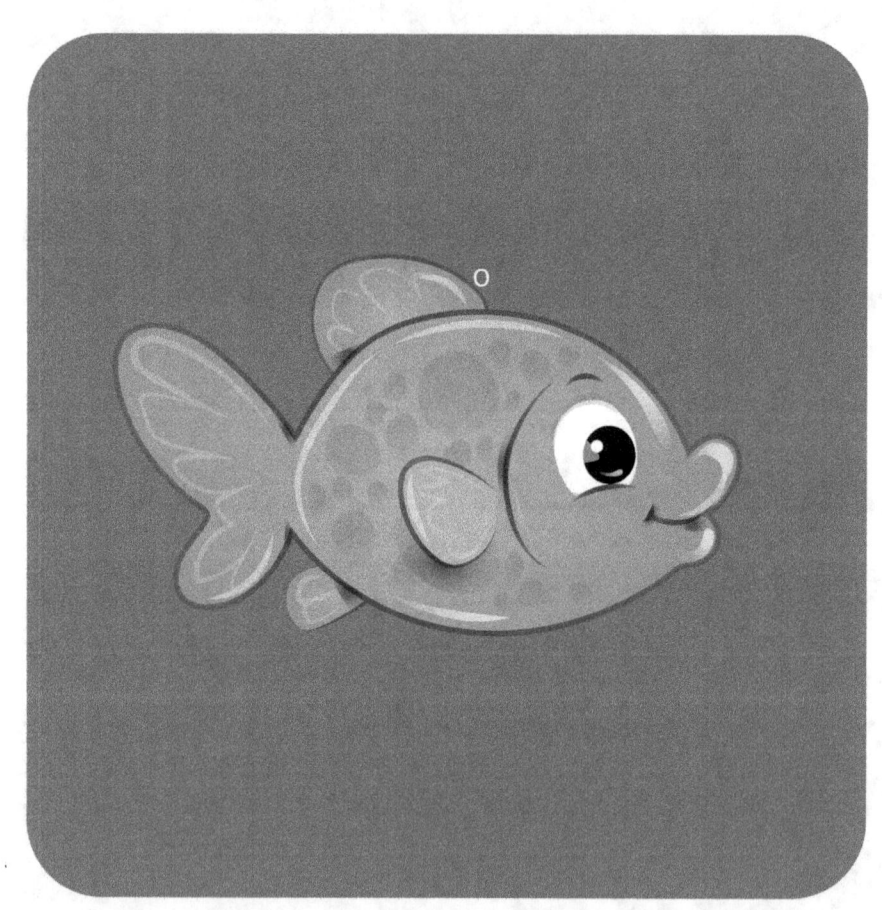

PATO

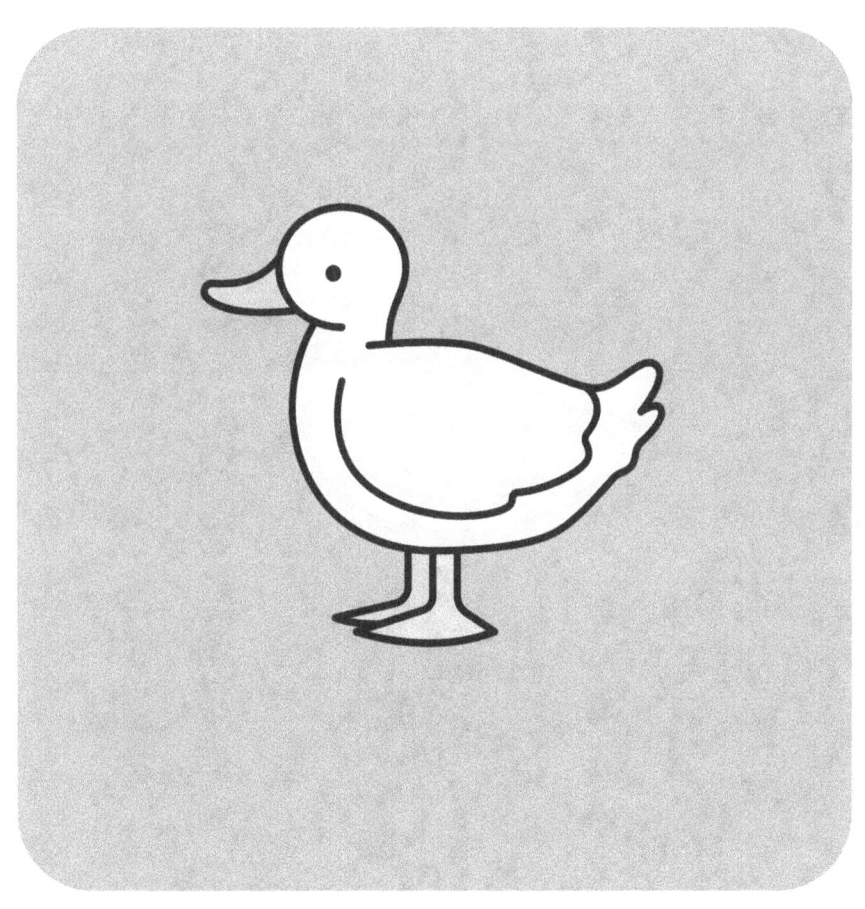

BANANA

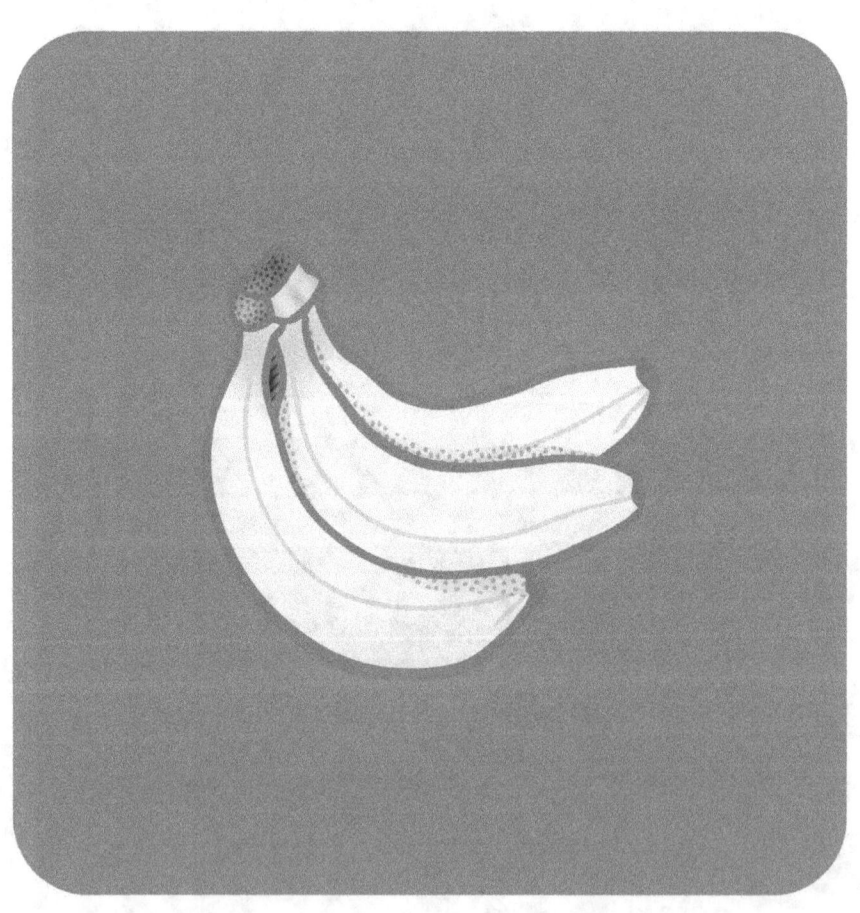

MAÇA

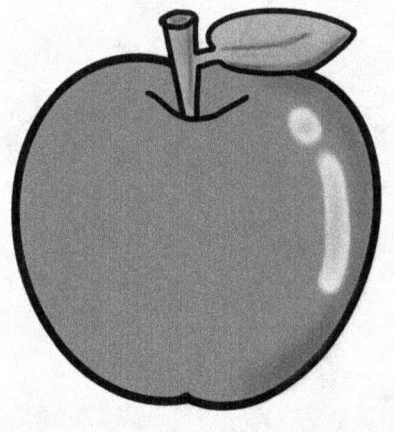

PÃO

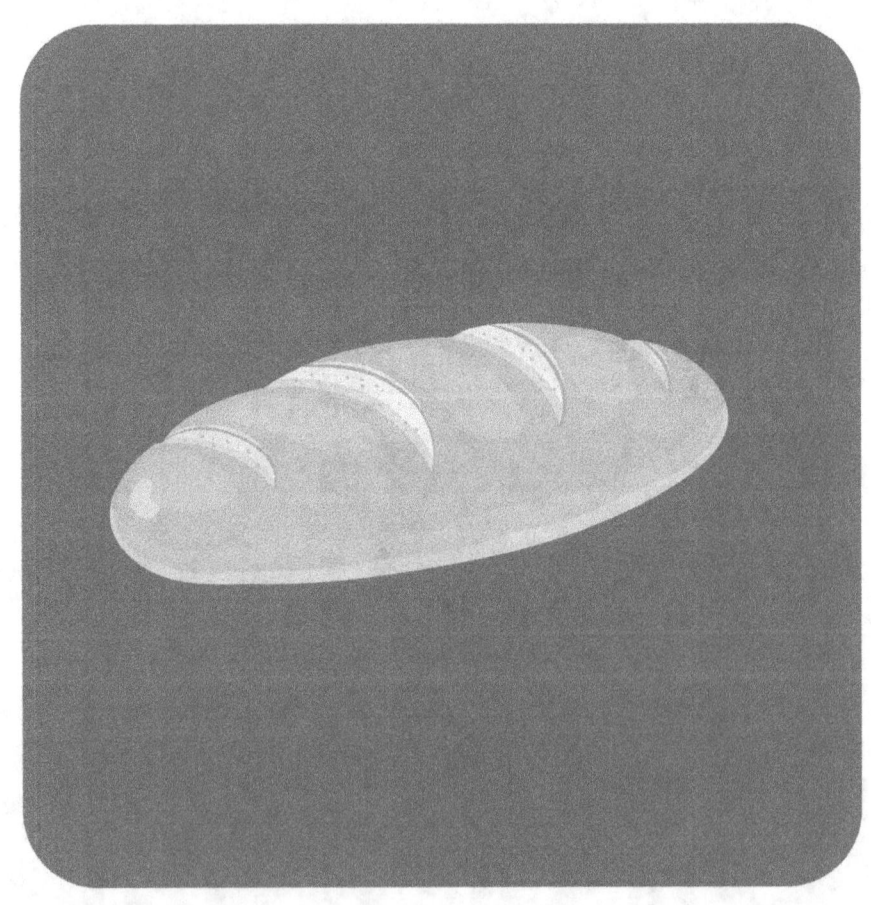

OVO

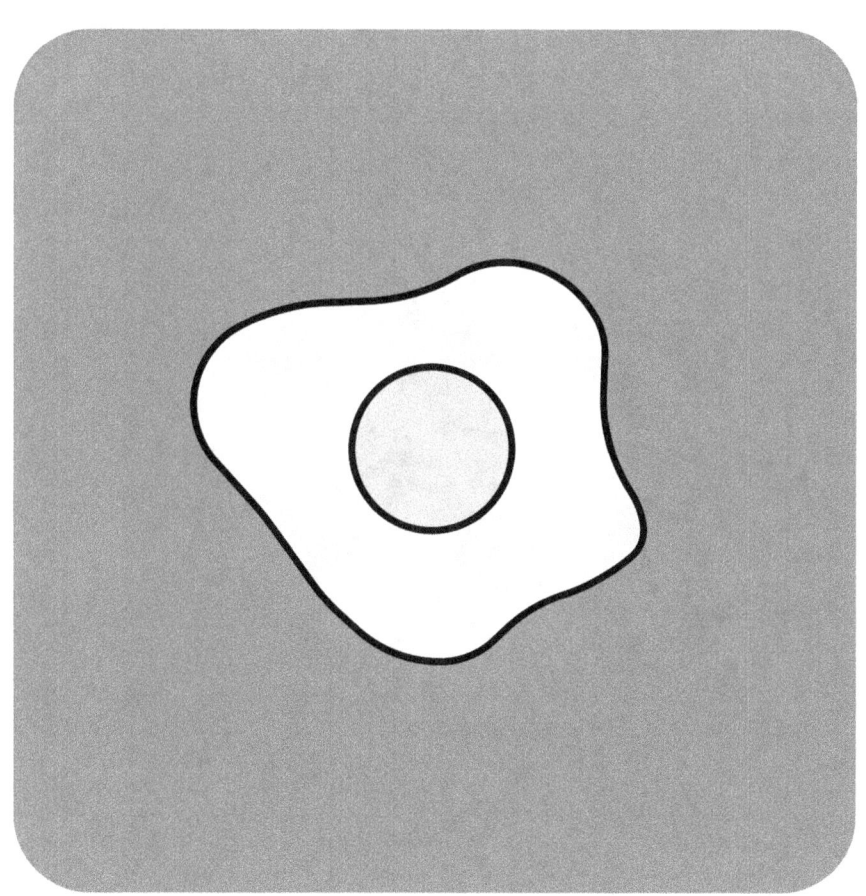

CARRO

AVIÃO

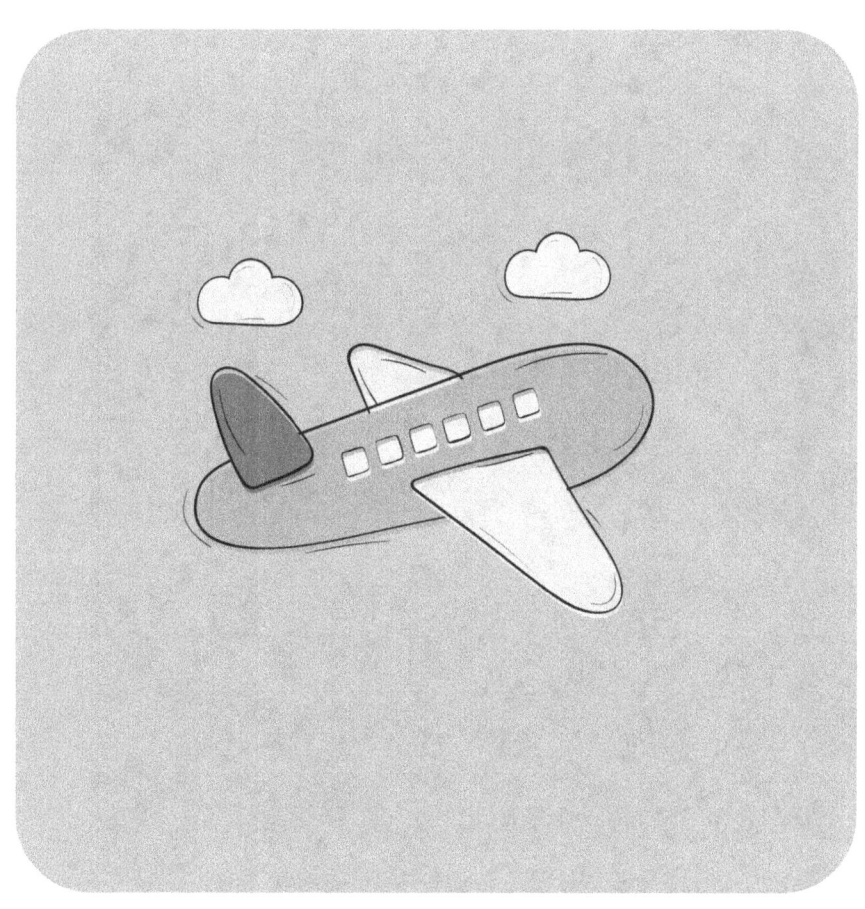

TREM

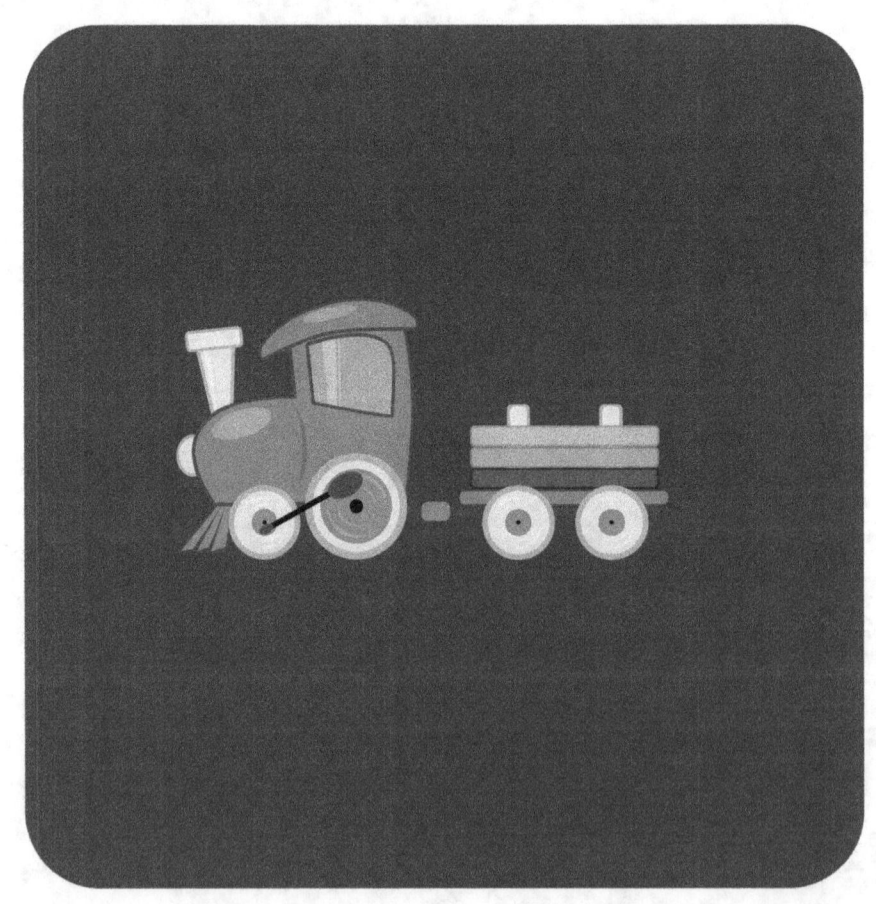

ÔNIBUS

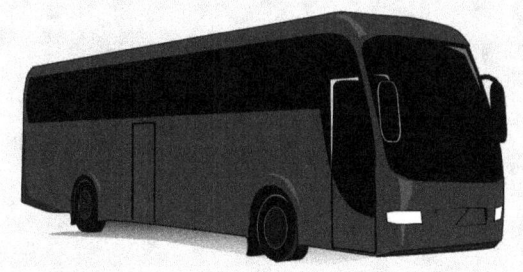

CASA

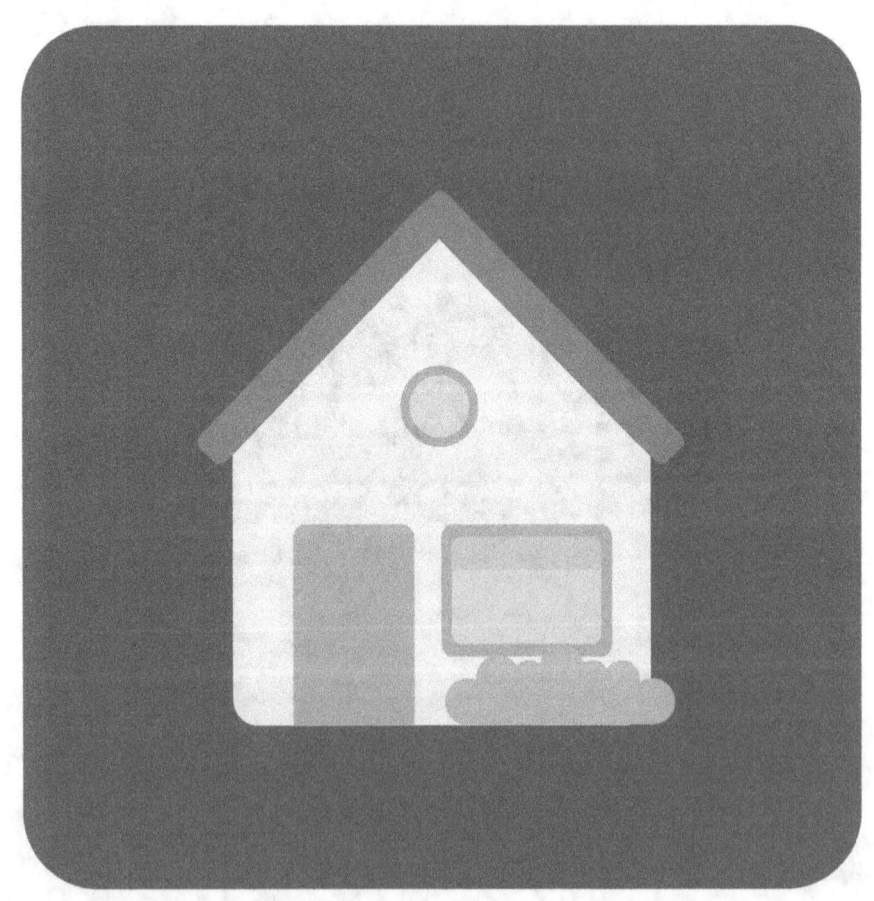

COELHO

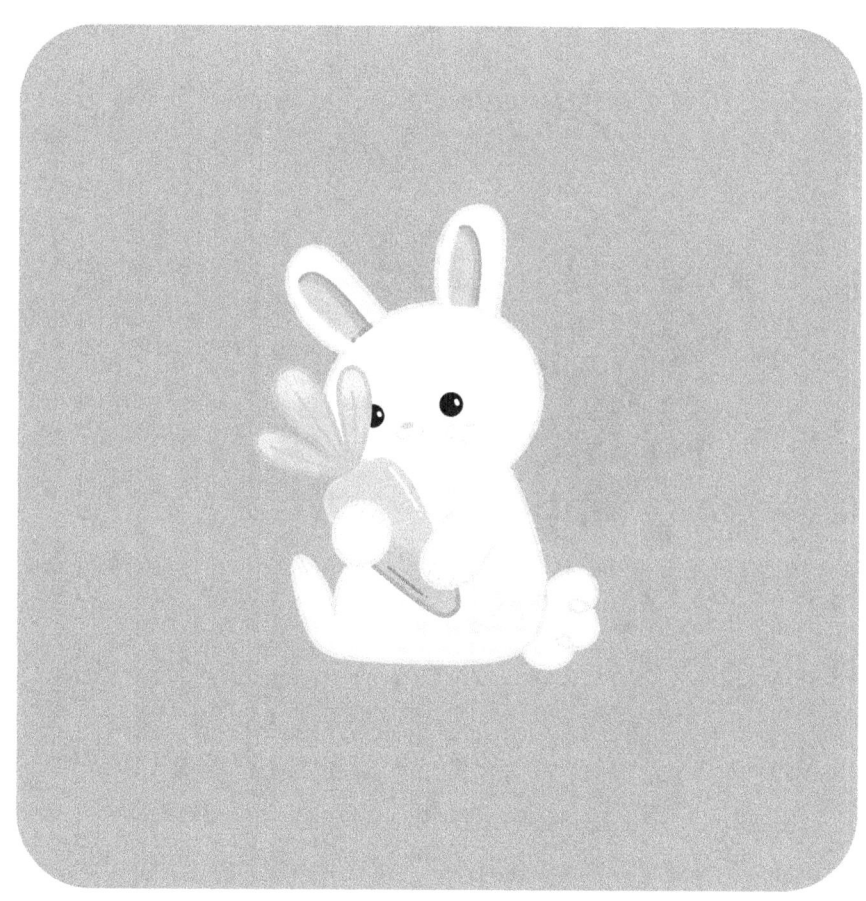

GALINHA

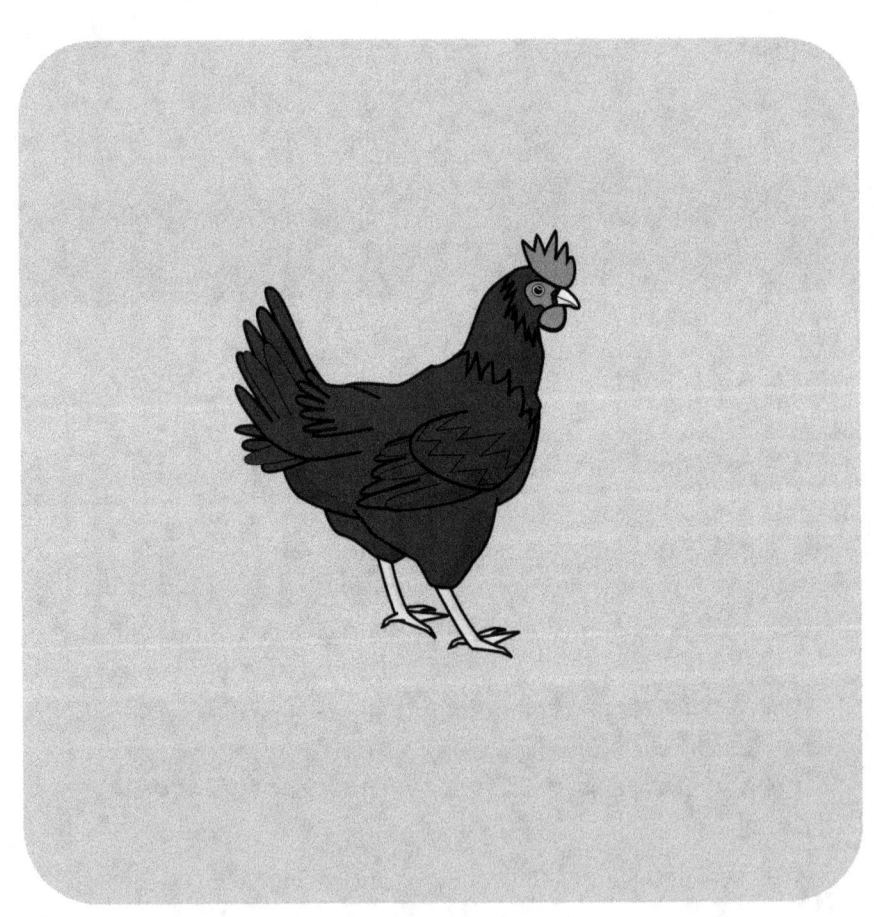

PORCO

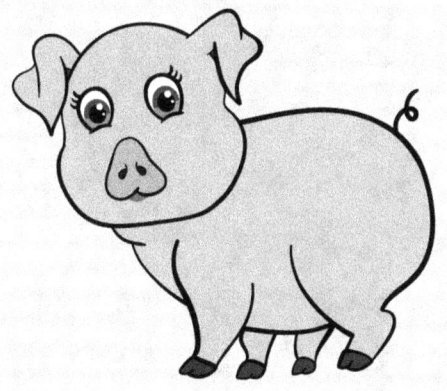

CAVALO

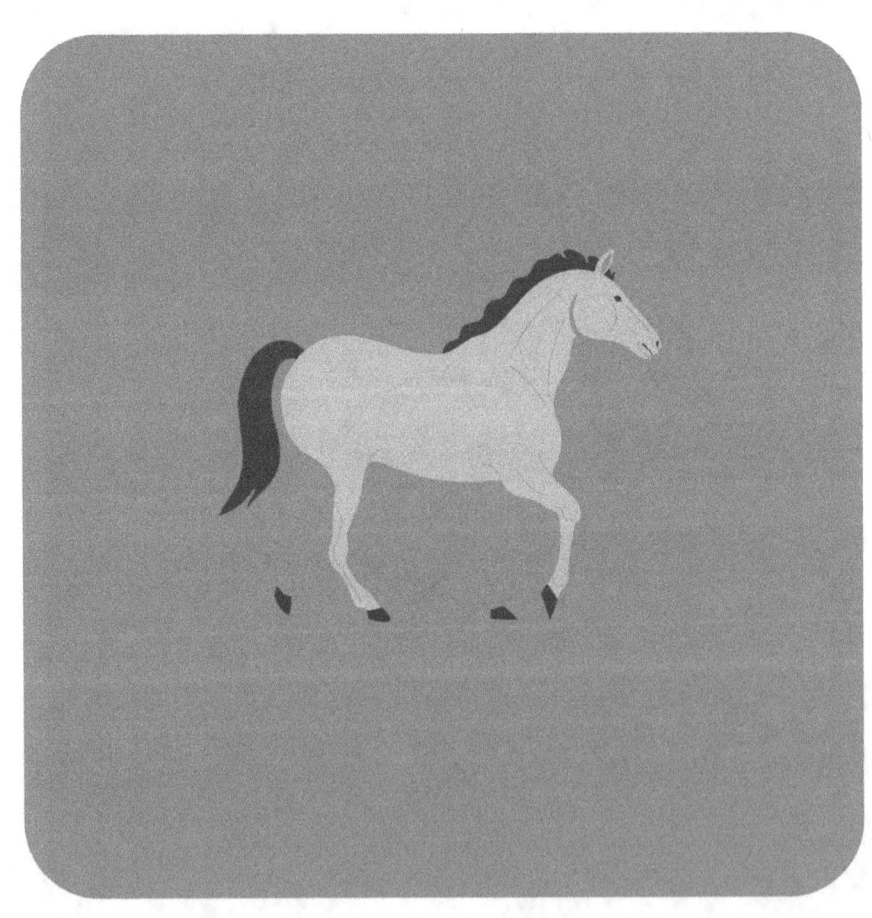

PÁSSARO

SOL

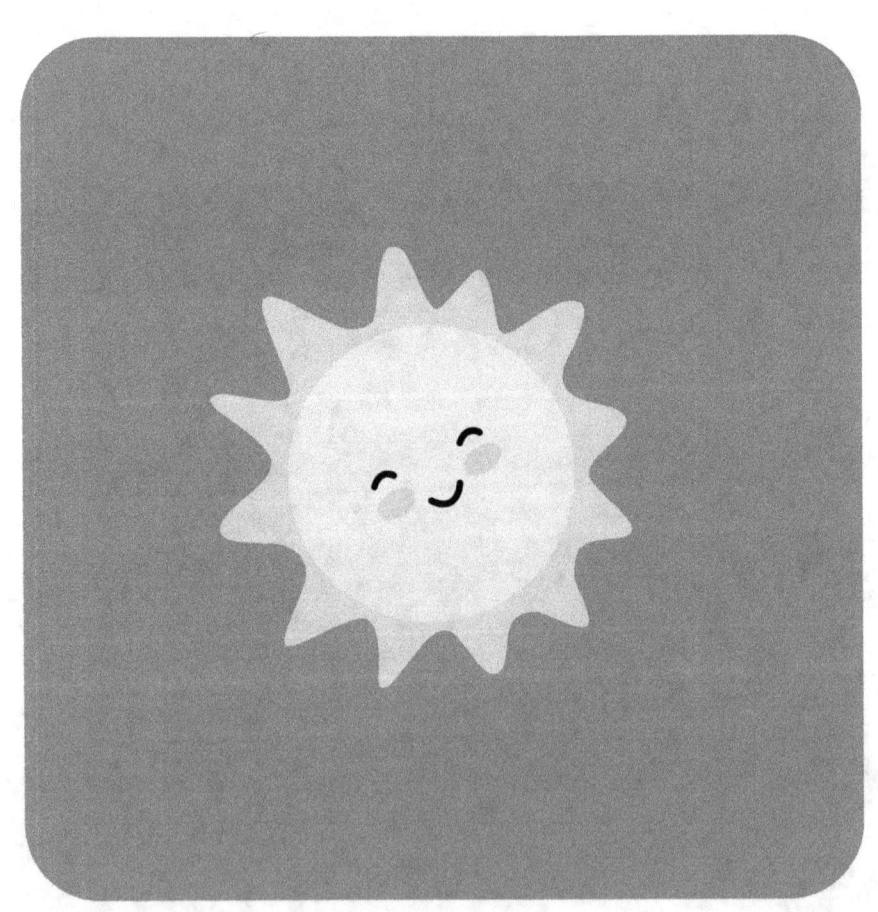

LUA

ESTRELA

FLOR

ÁRVORE

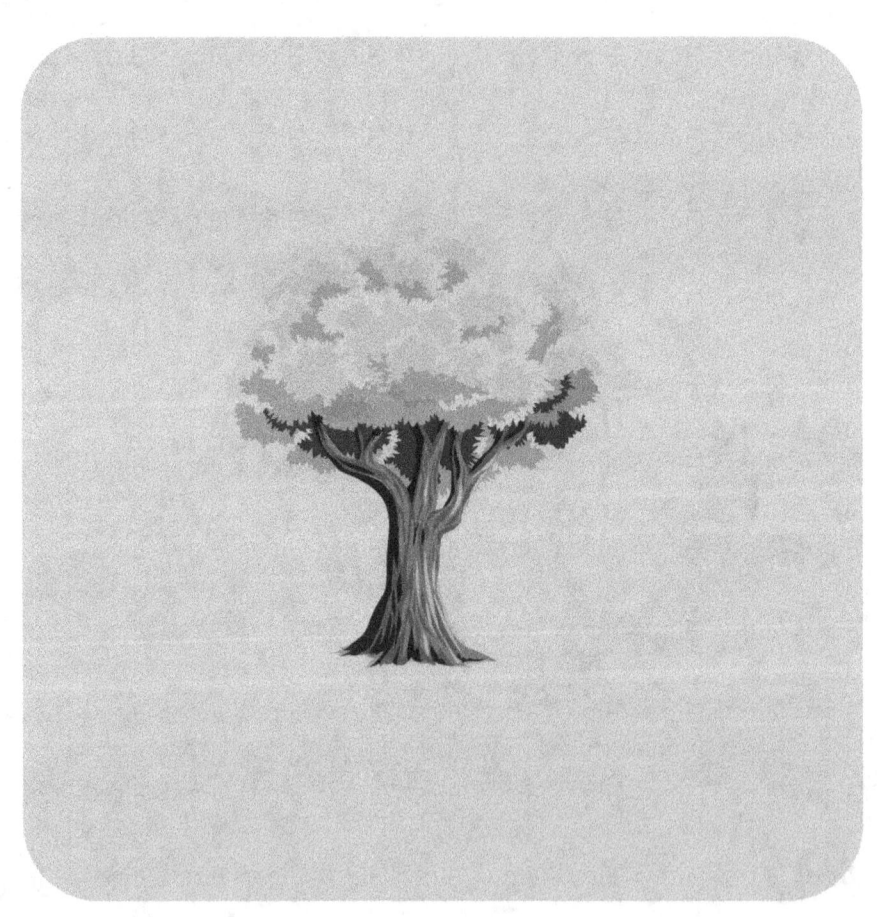

GRAMA

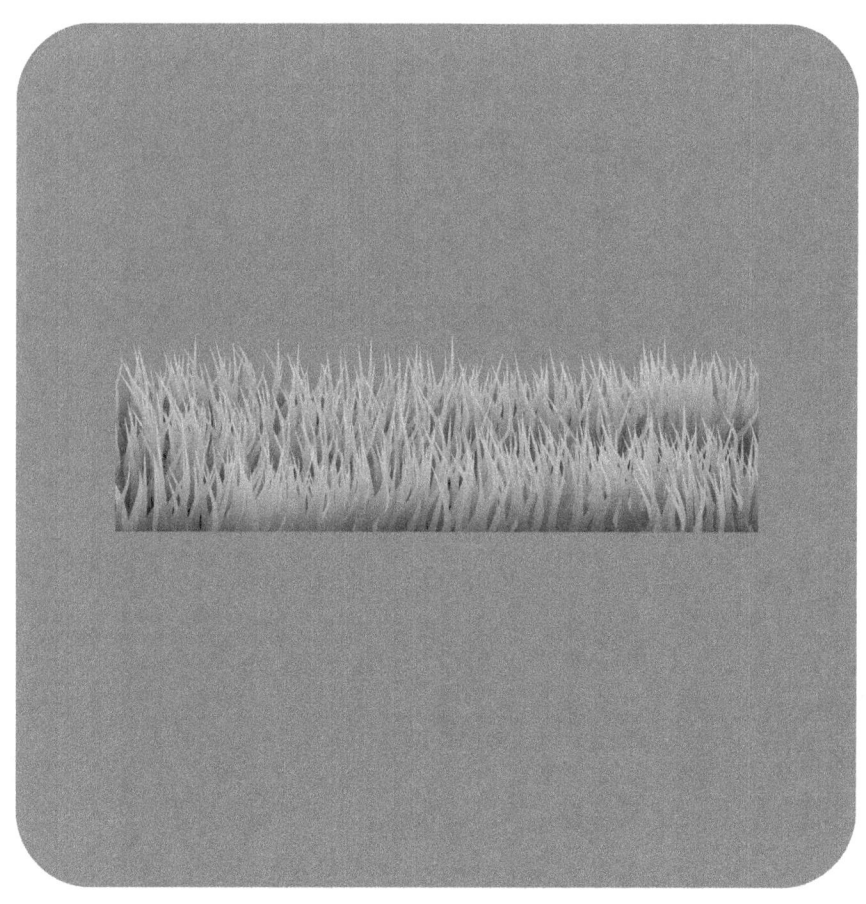

TERRA

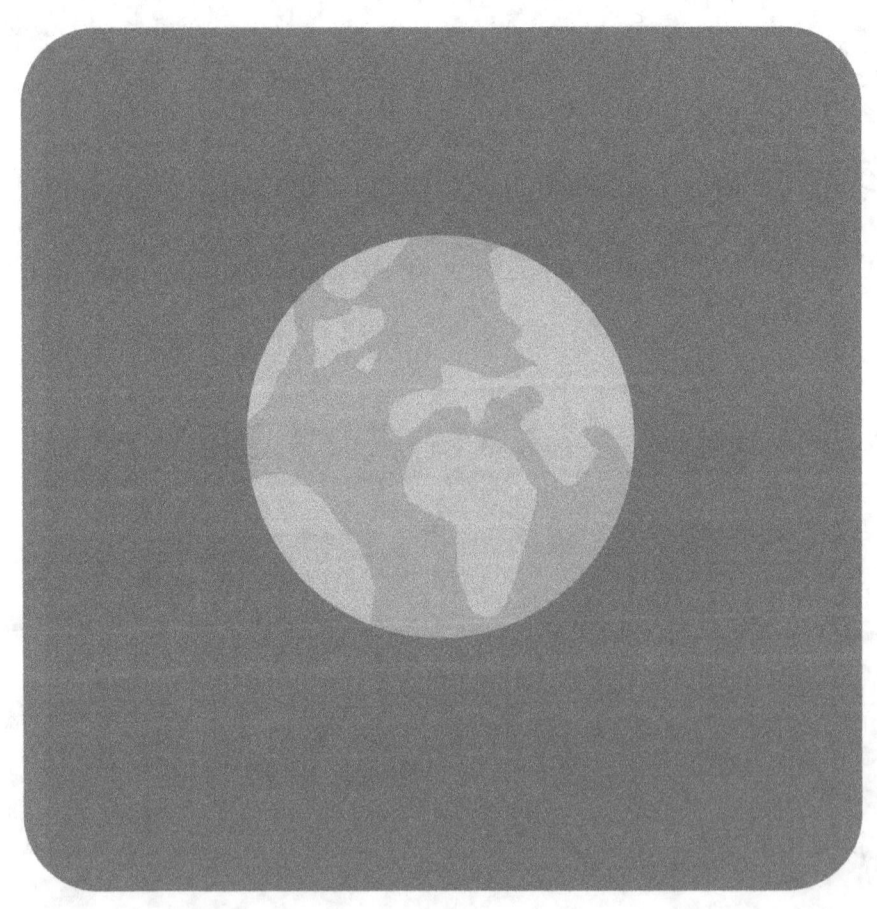

MAR

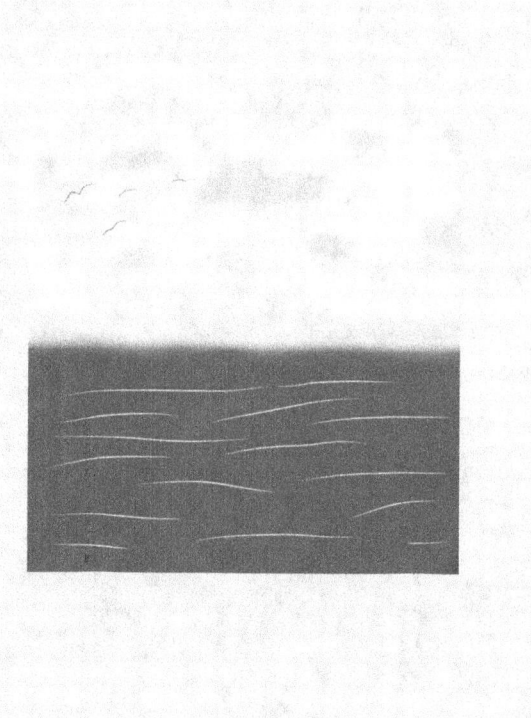

AR

FOGO

CHUVA

NUVEM

NEVE

FRUTAS

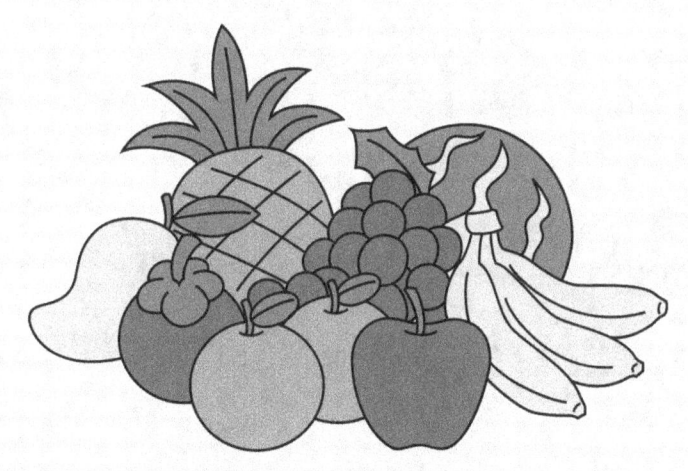

VERDURAS

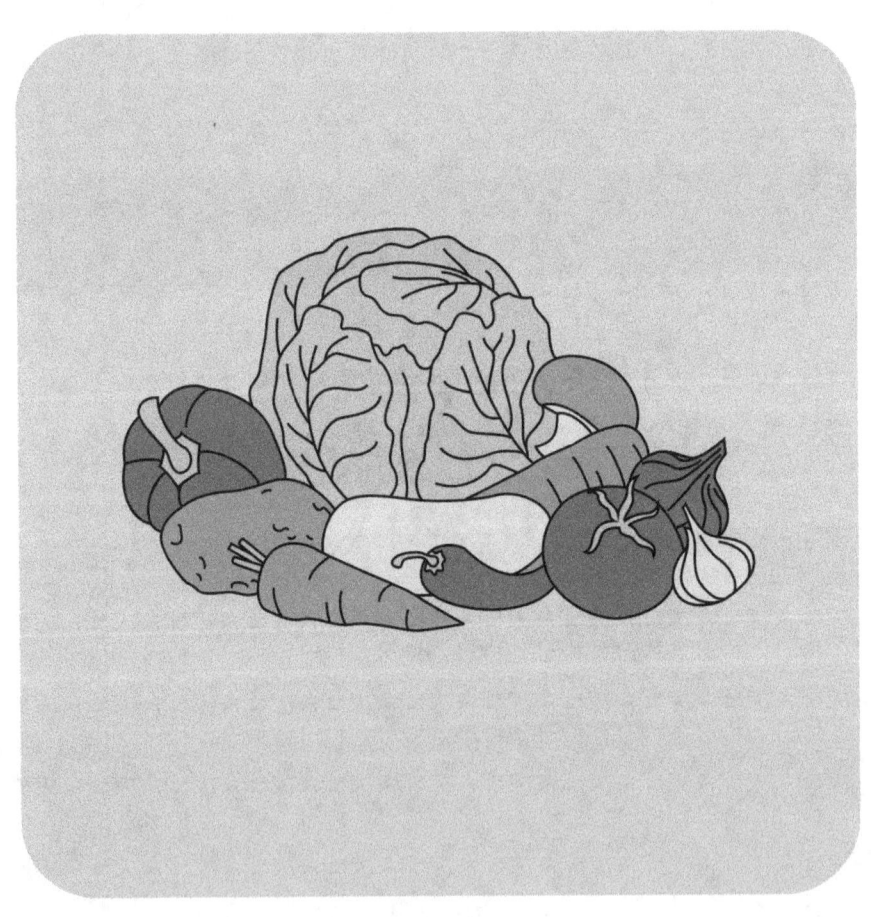

POTE

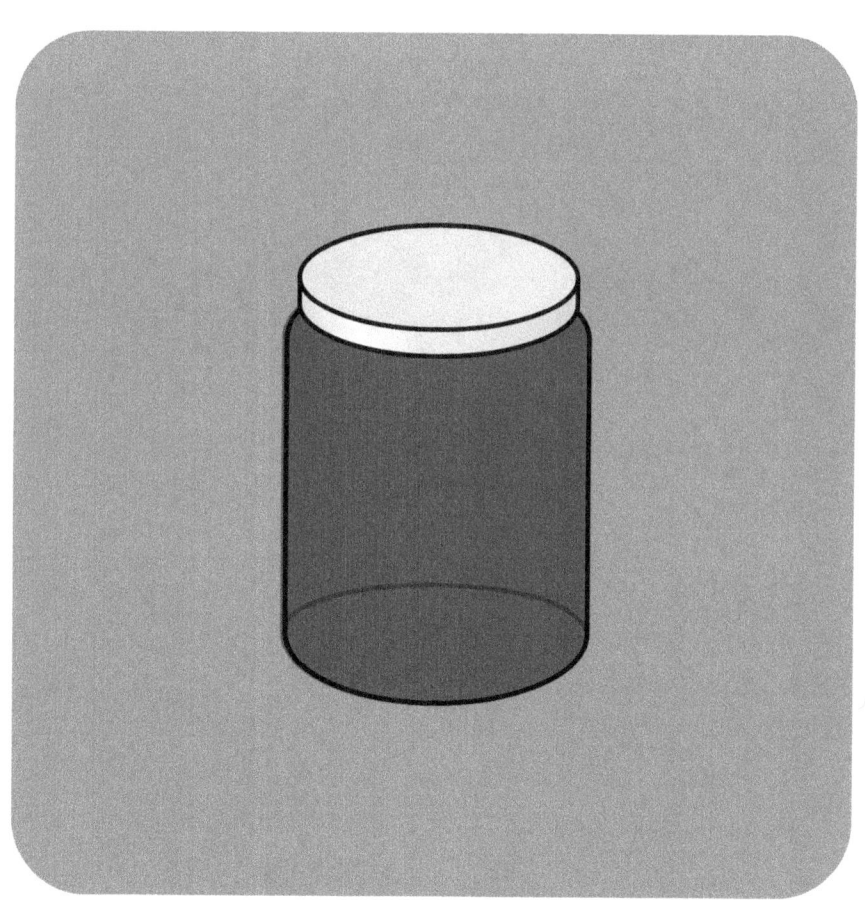

COLHER

PRATO

COPO

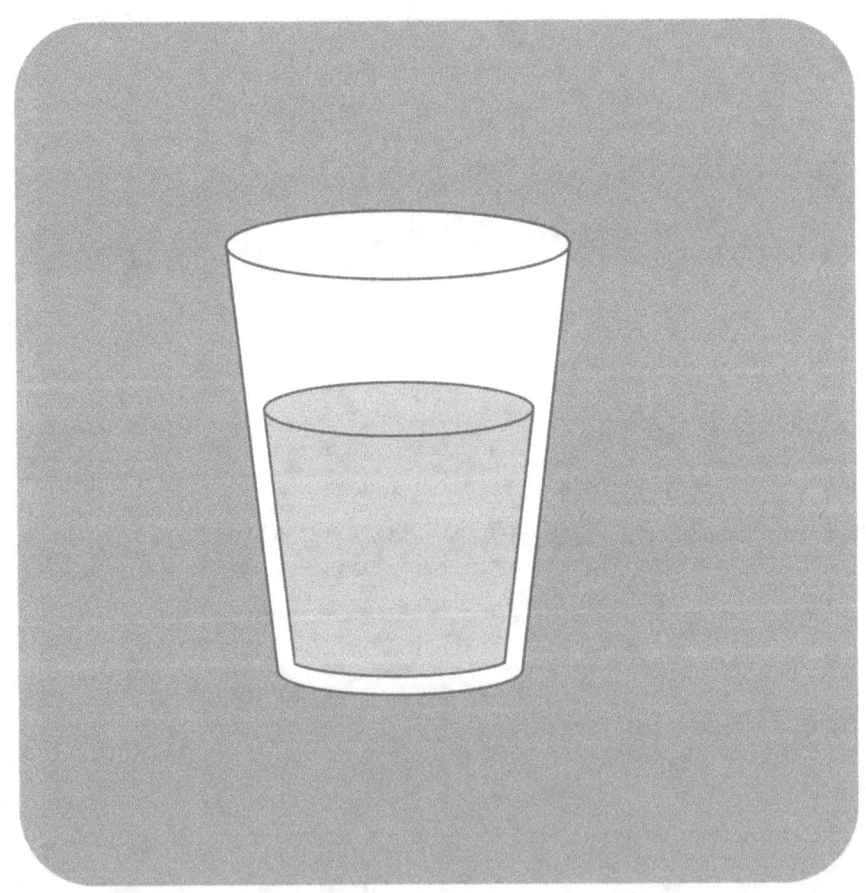

XÍCARA

FACA

GARFO

CADEIRA

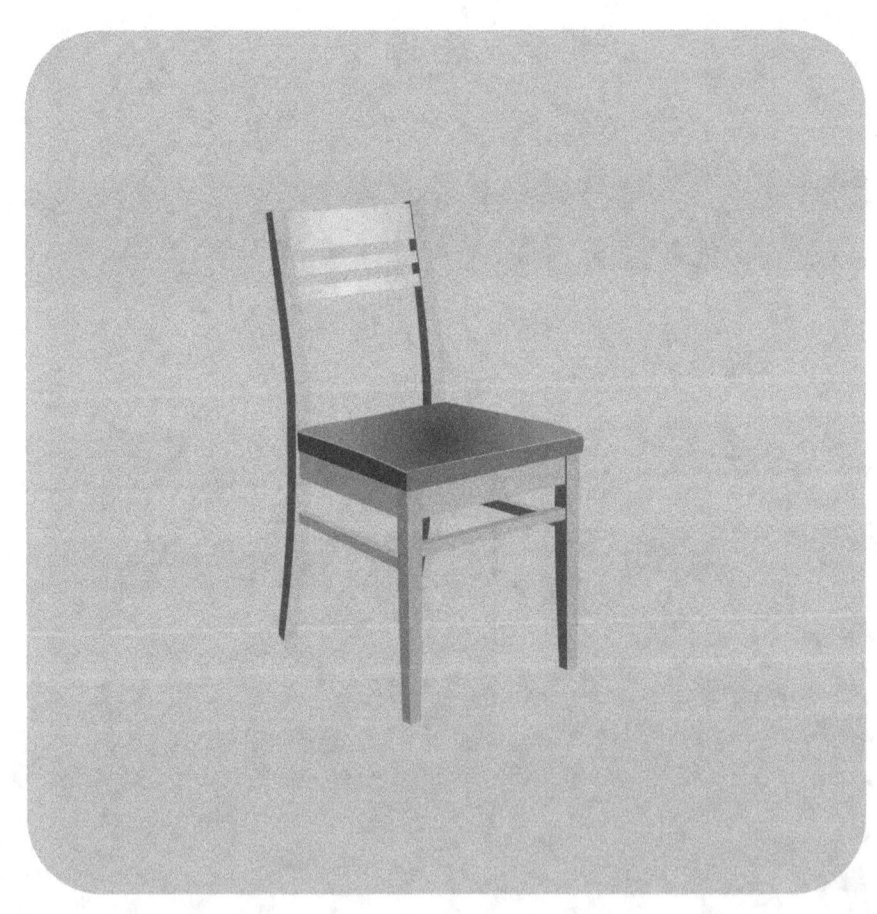

MESA

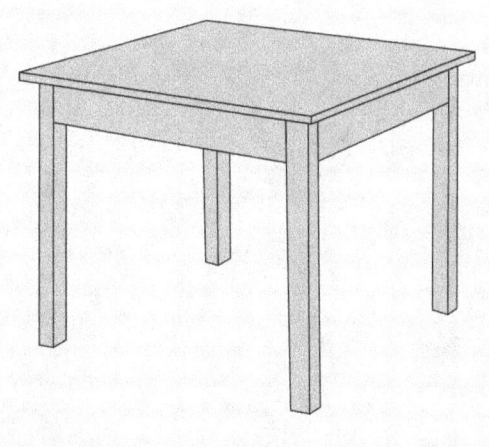

SOFÁ

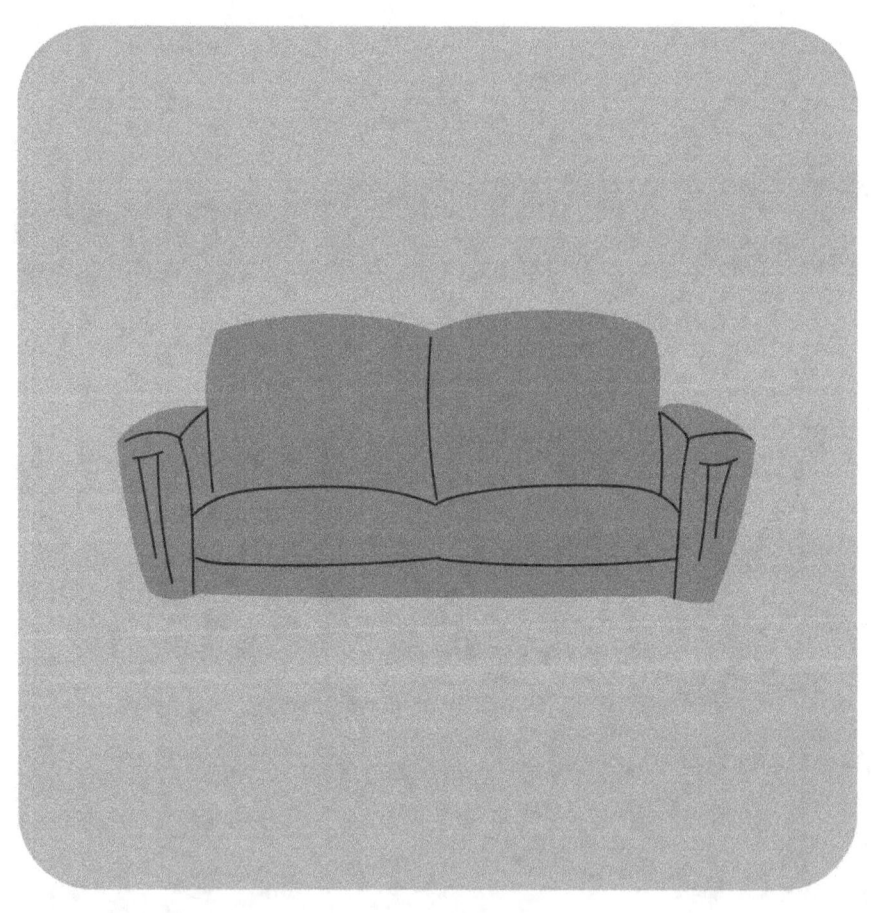

TELEVISÃO

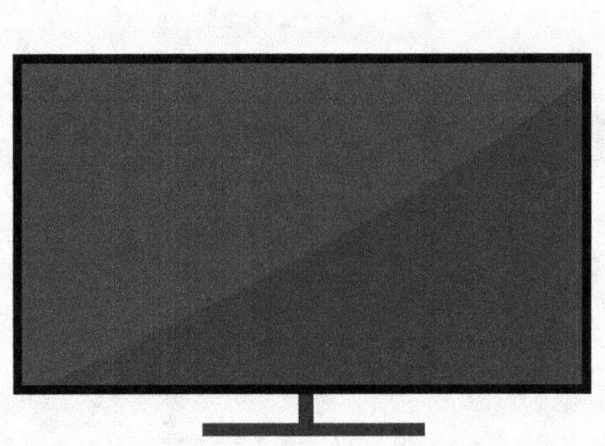

CELULAR

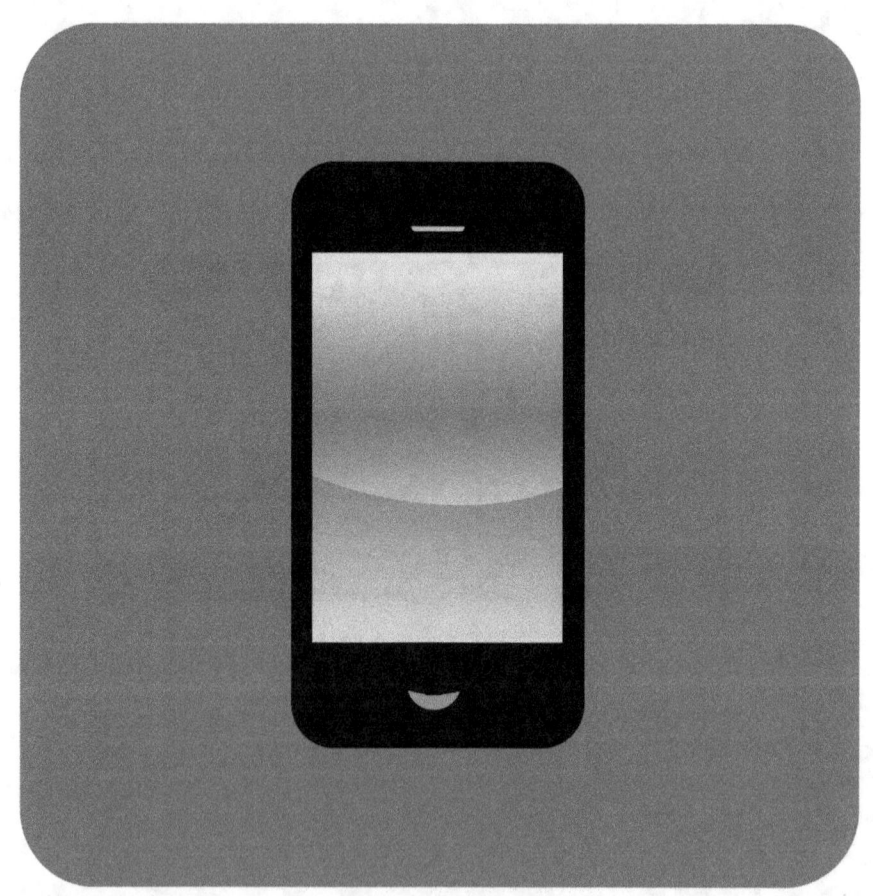

COMPUTADOR

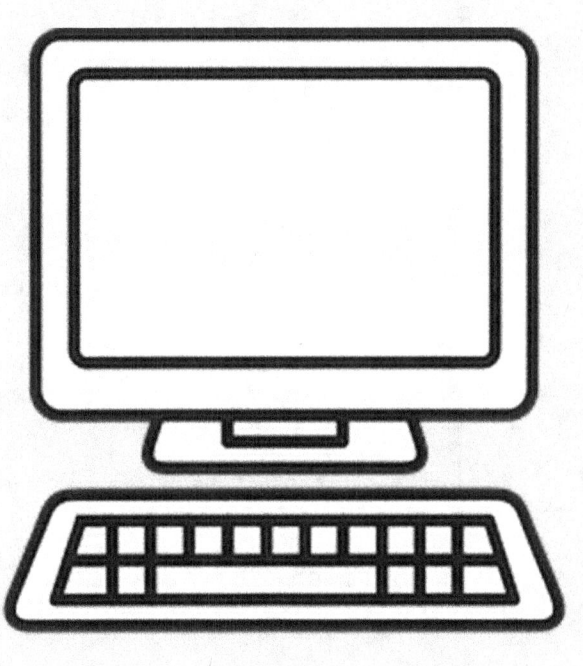

TABLET

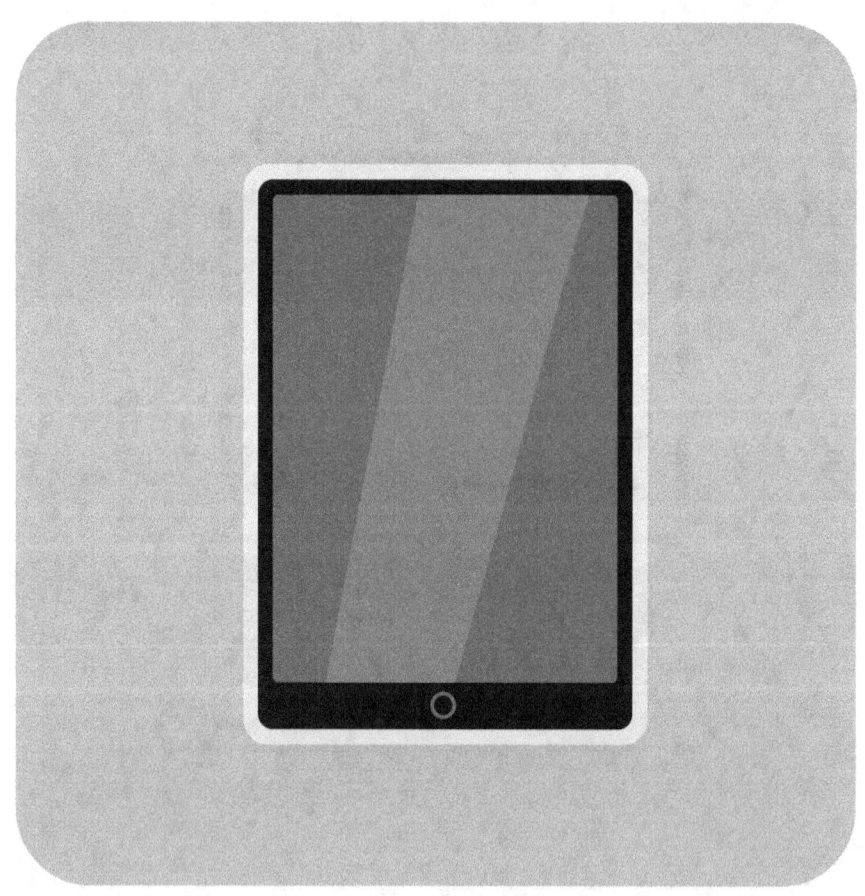

LIVRO

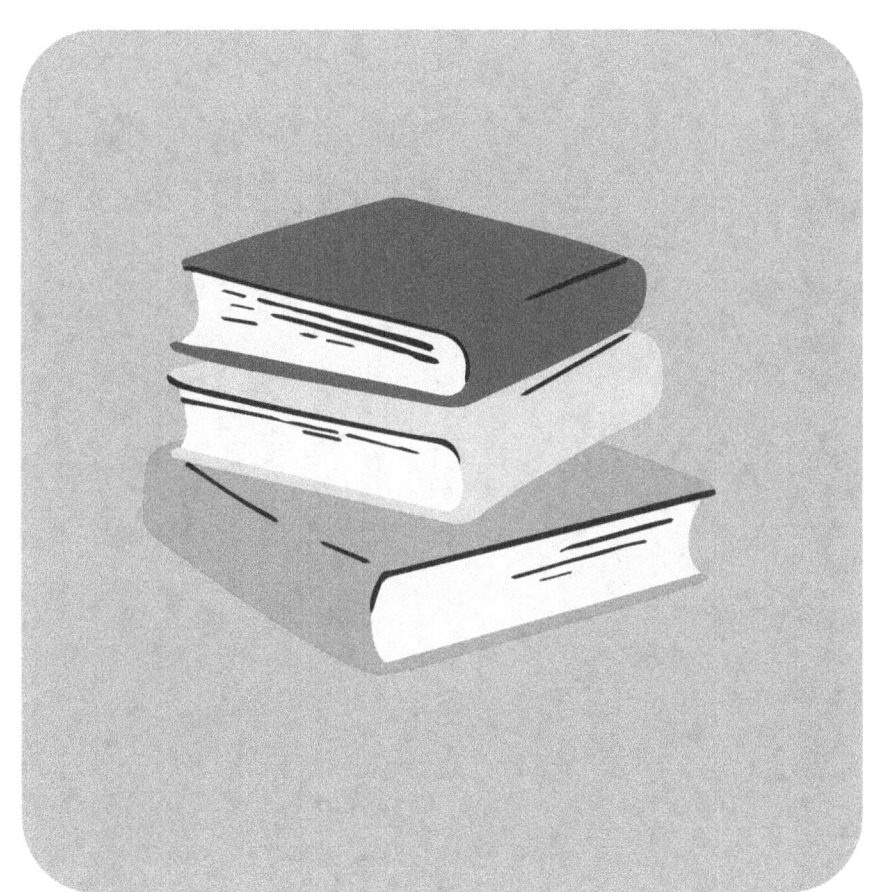

BRINQUEDO

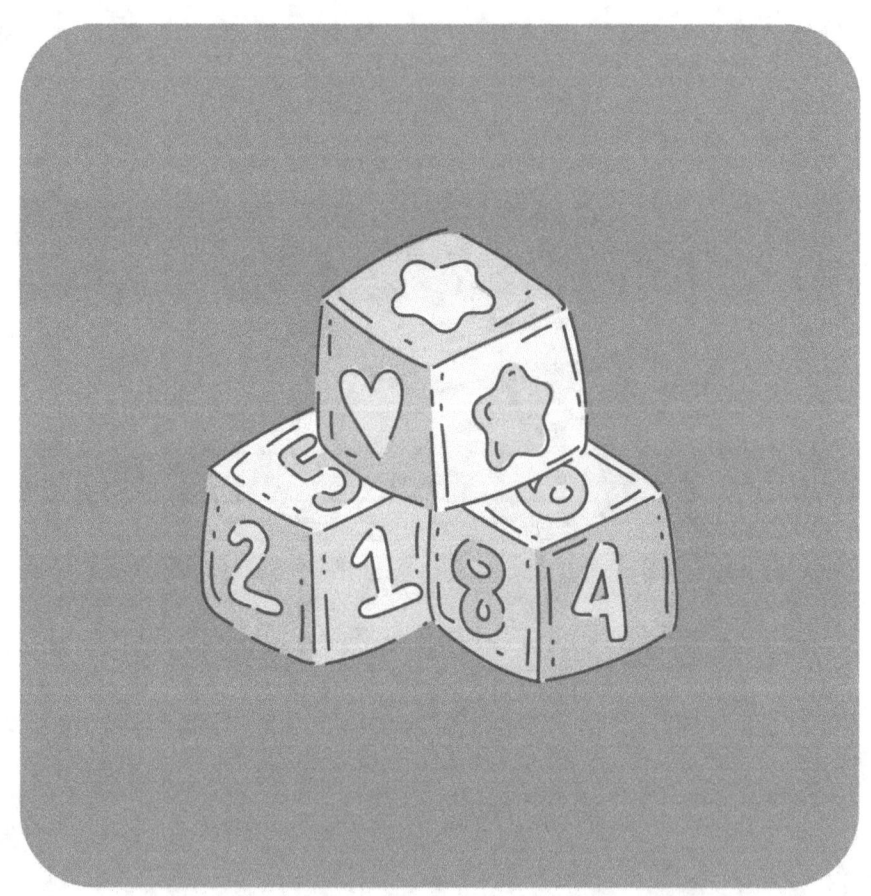

BONECA

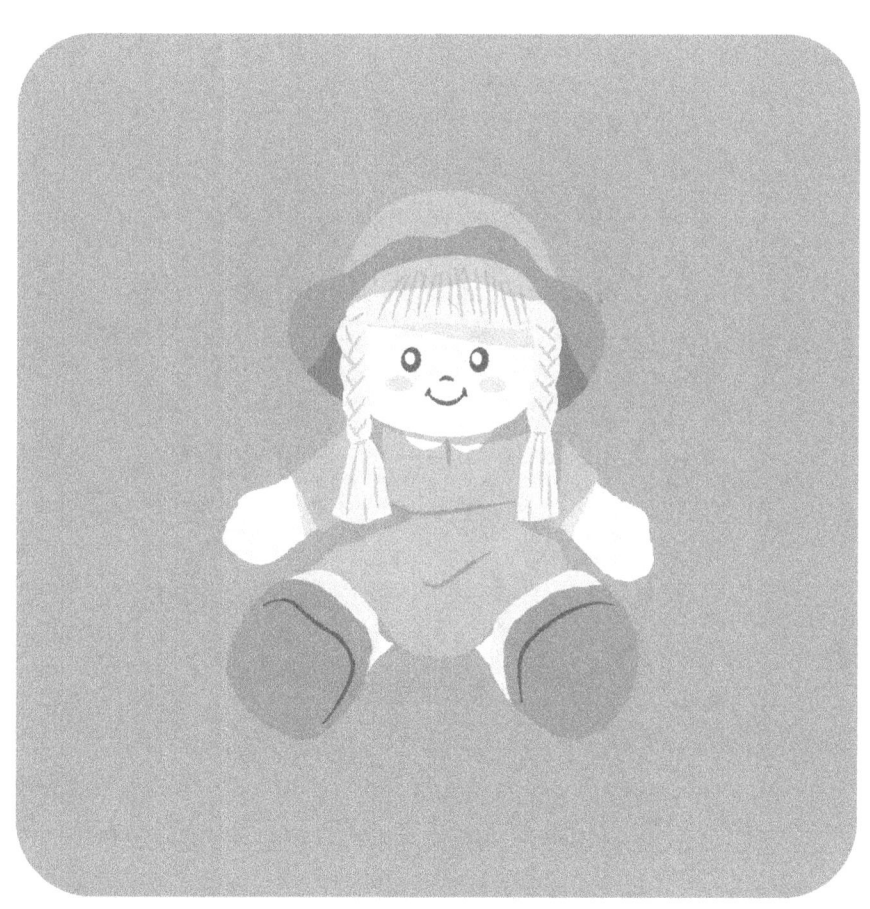

URSINHO

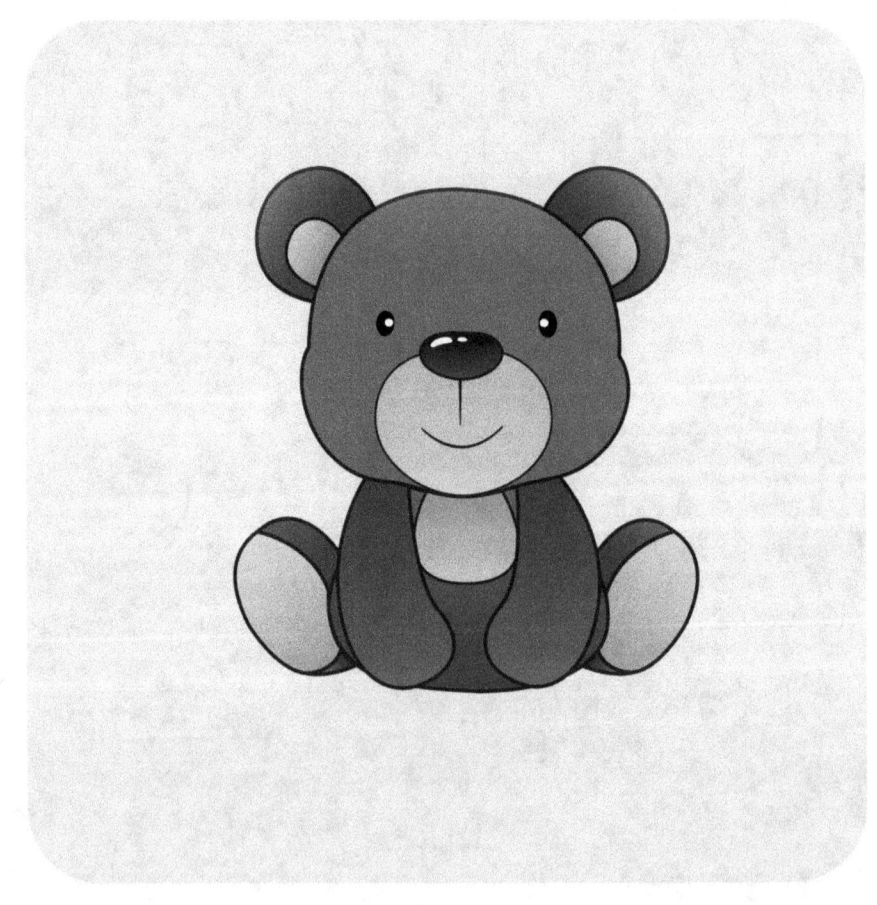

CARRINHO

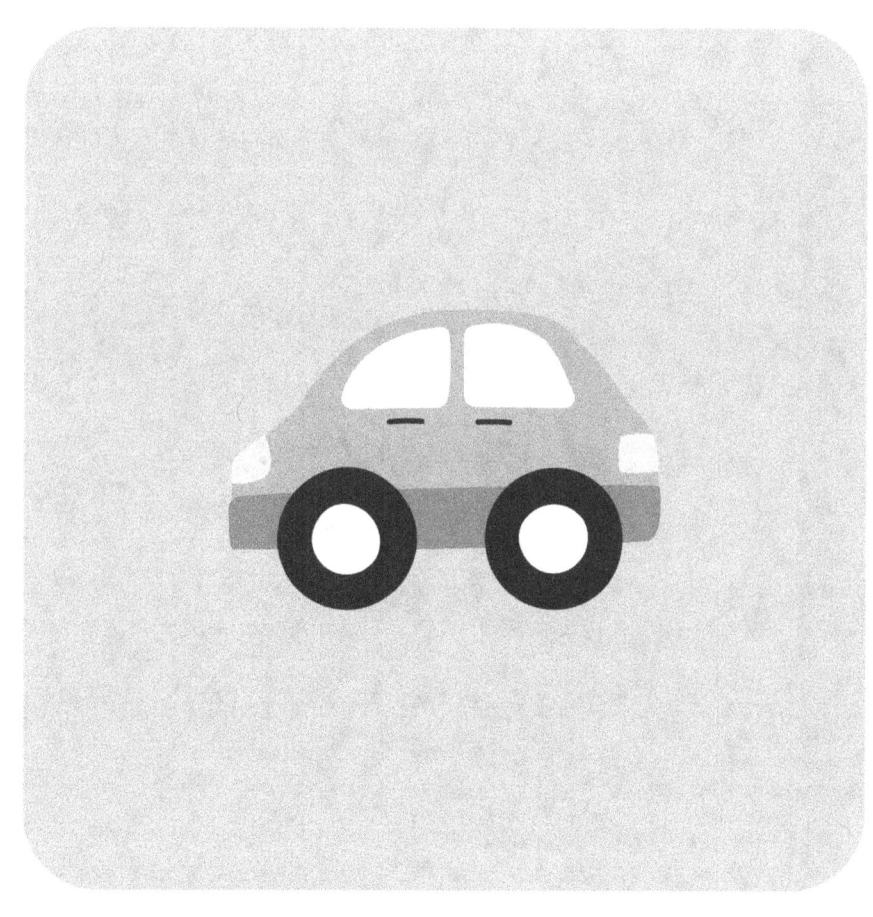

DADO

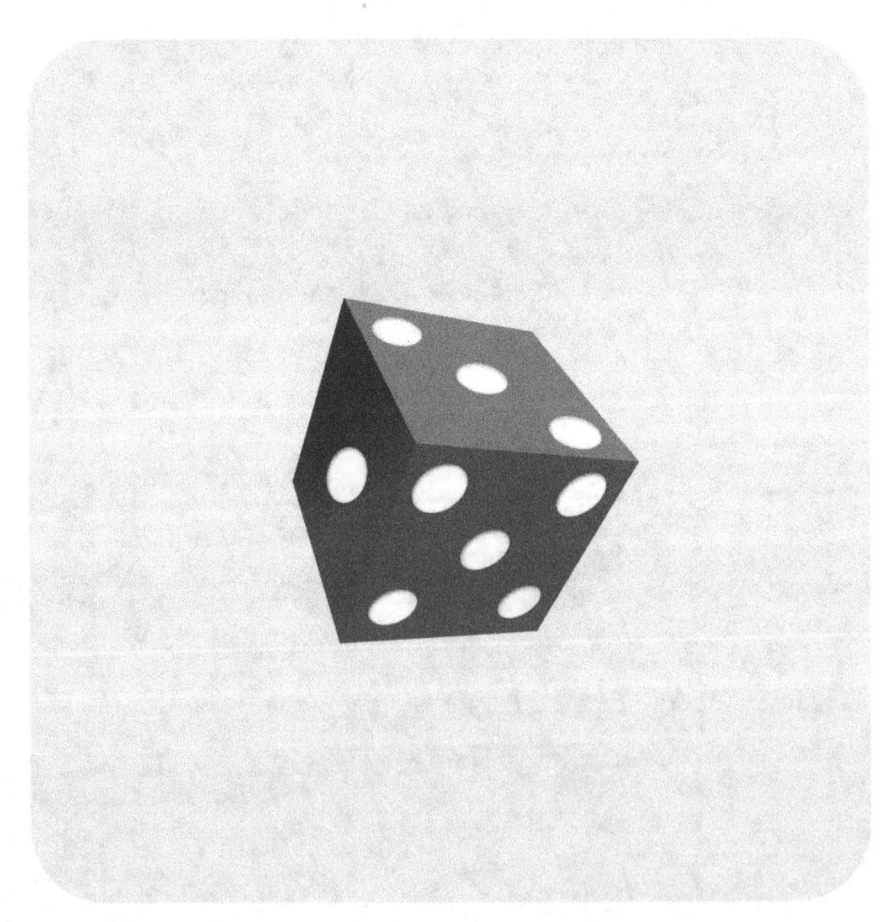

BLOCOS

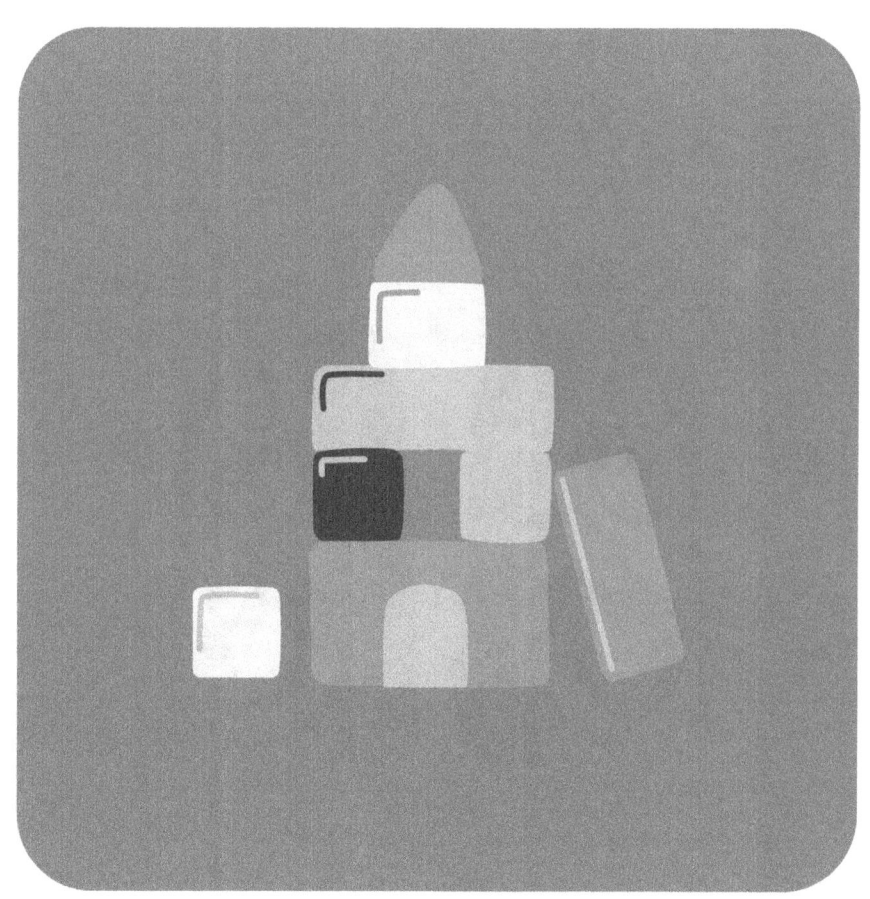

MÚSICA

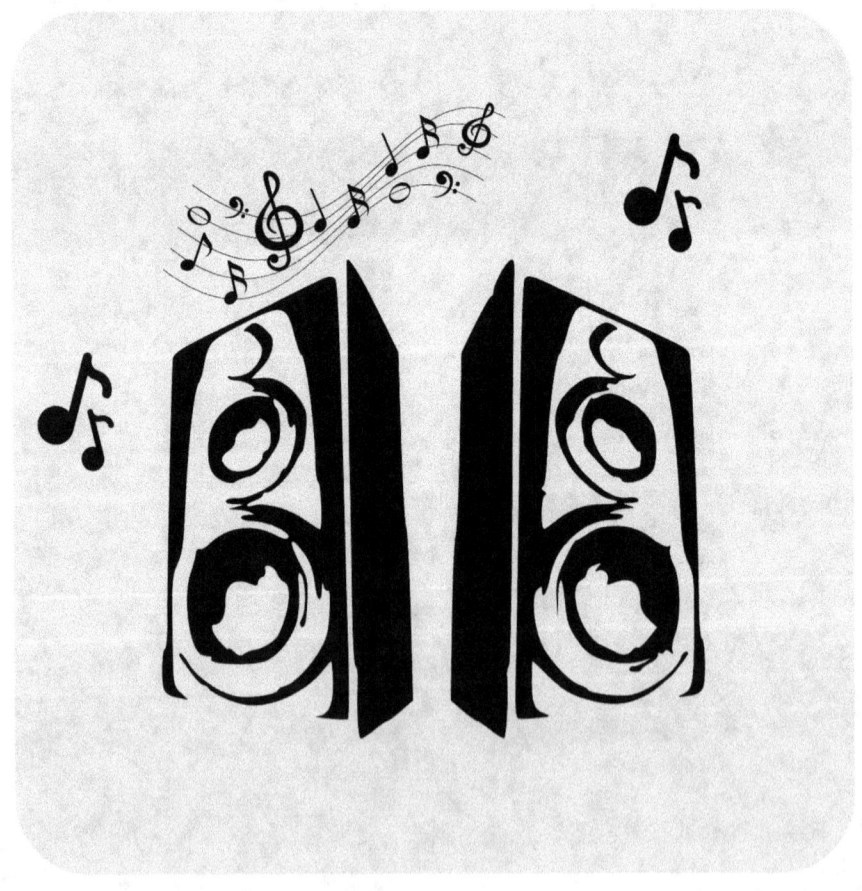

DANÇA

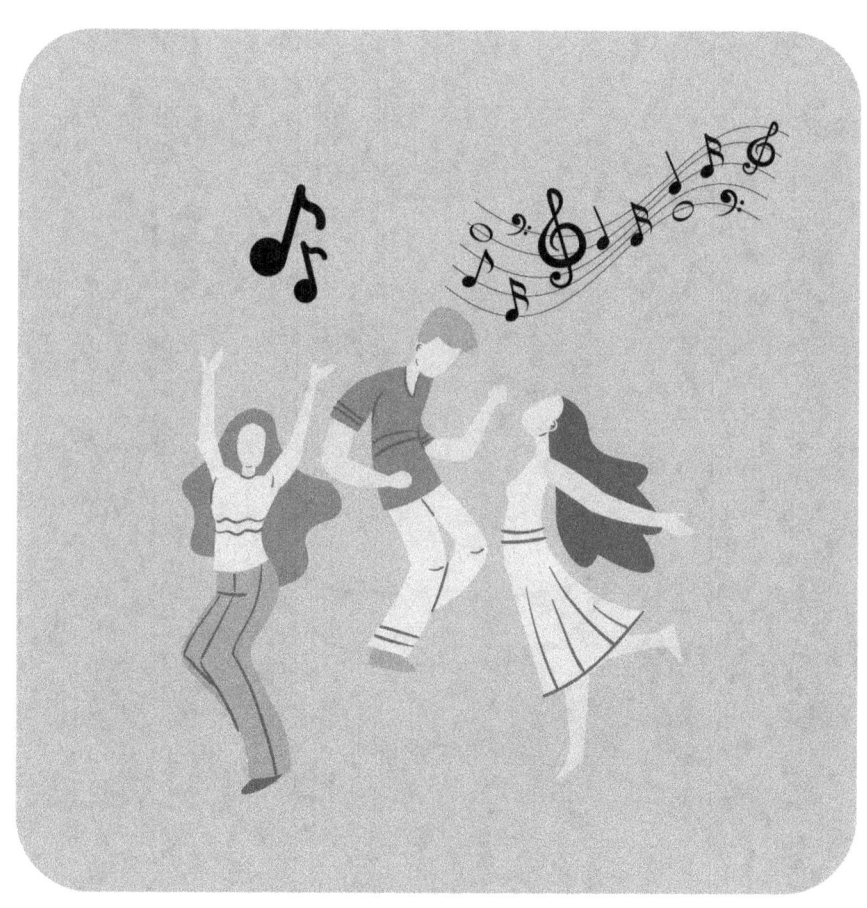

SORRISO

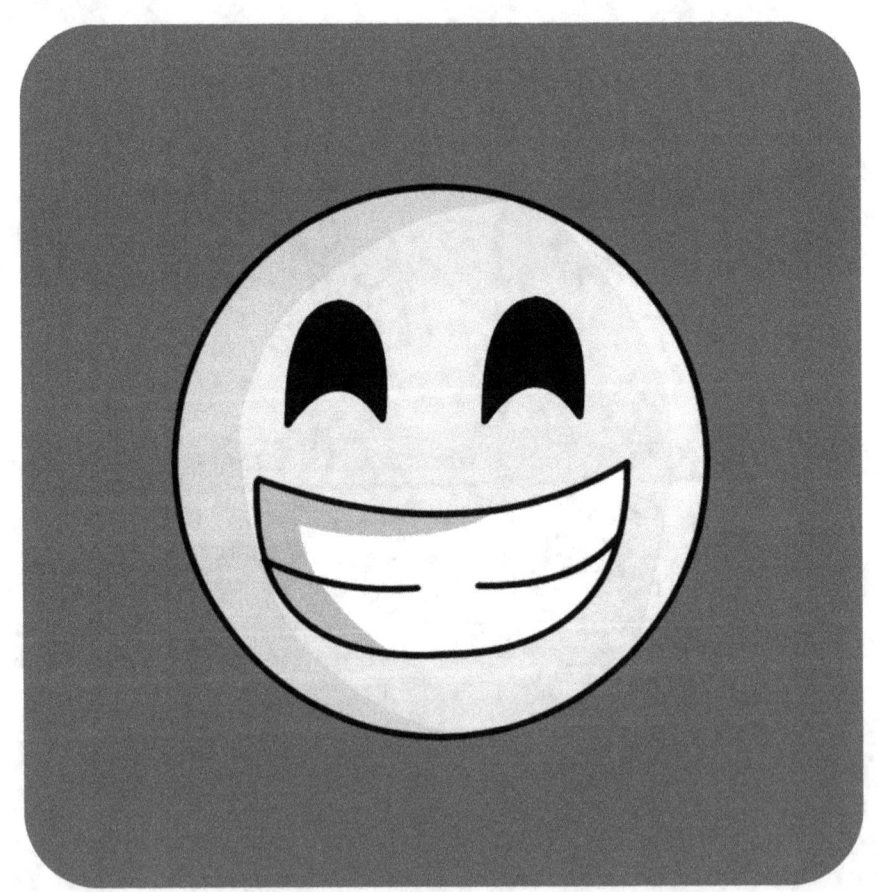

CHORO

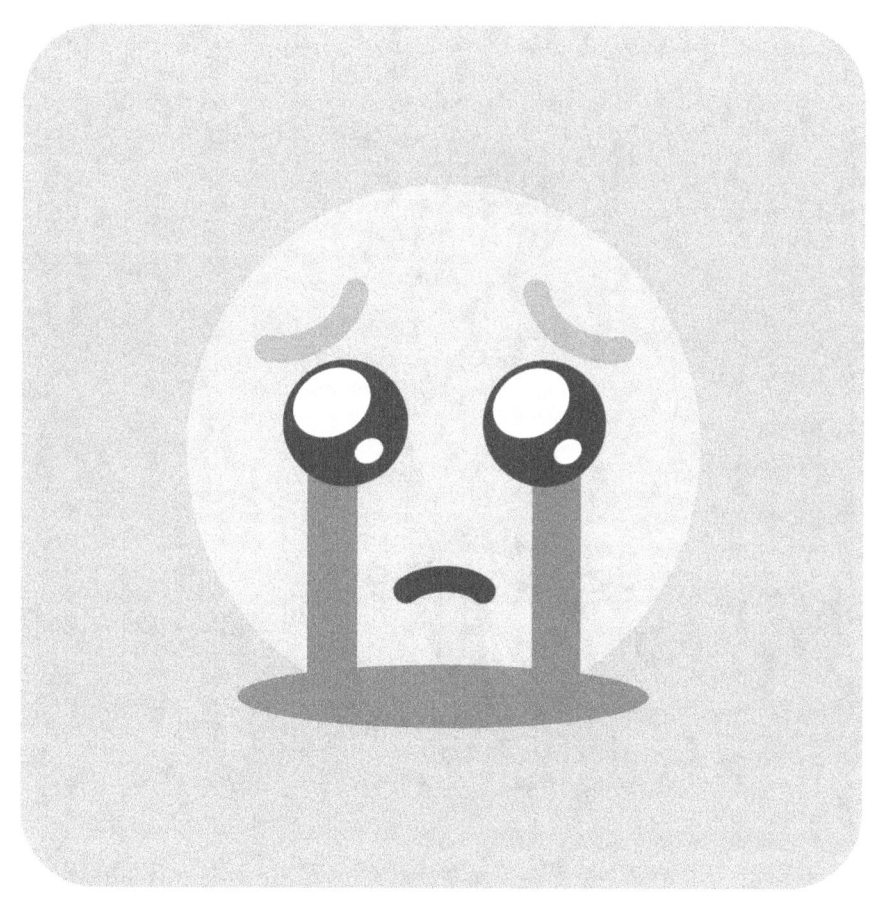

ABRAÇO

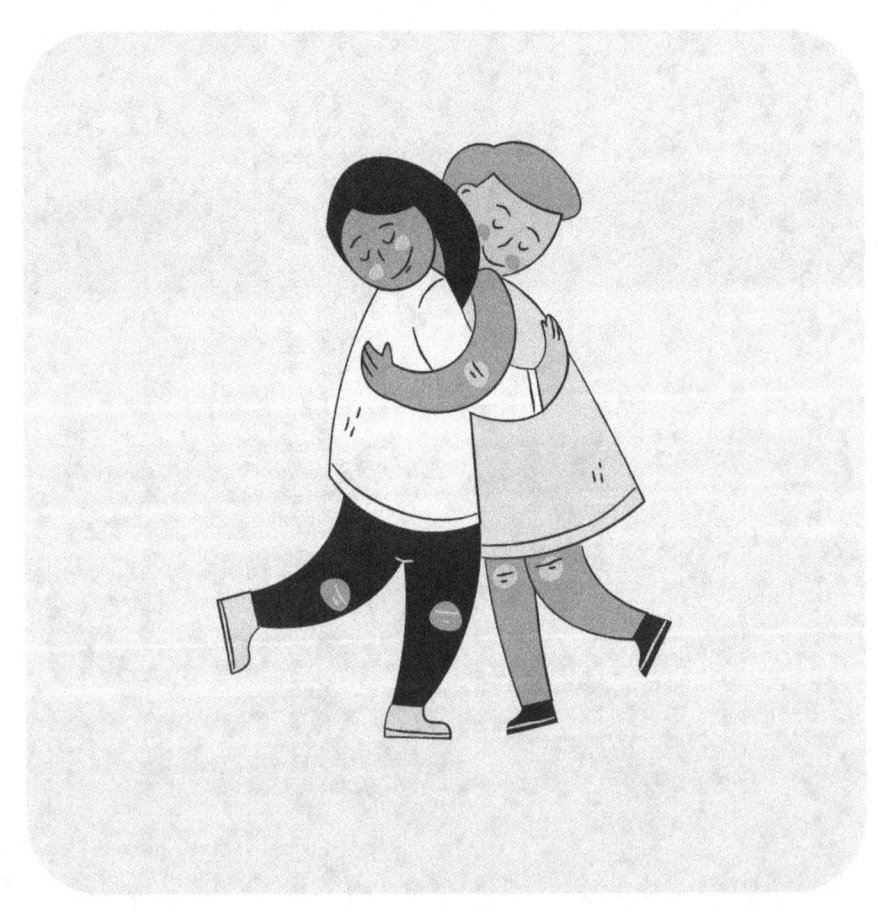

CHAVE

PORTA

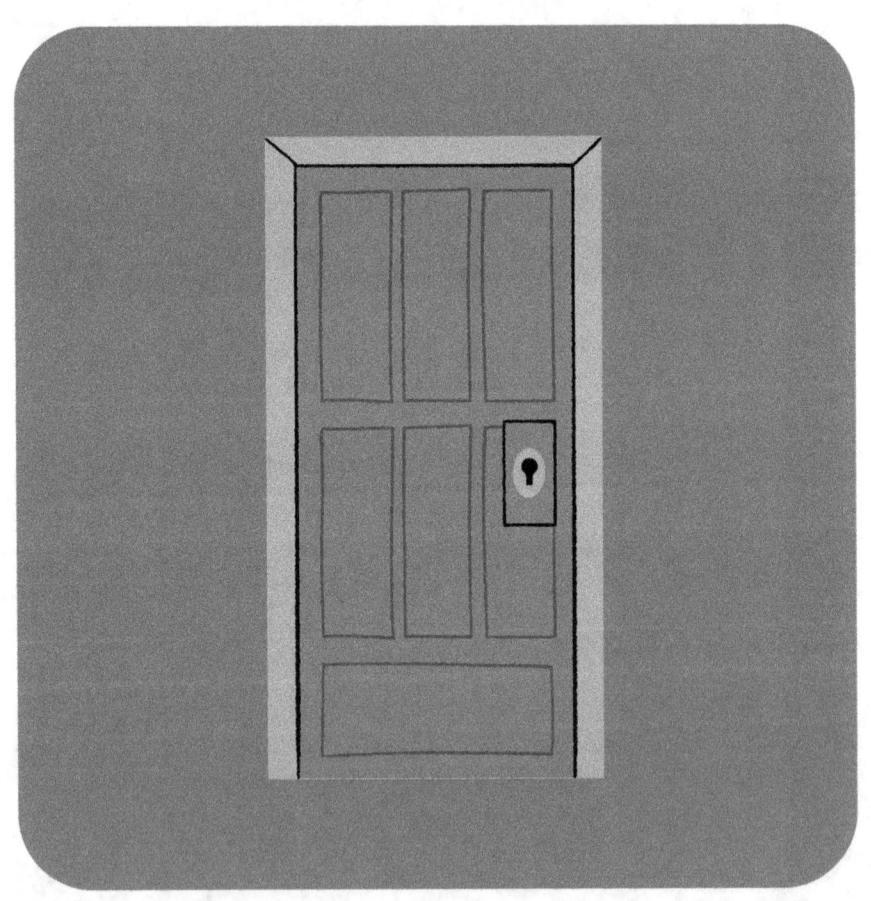

TELEFONE

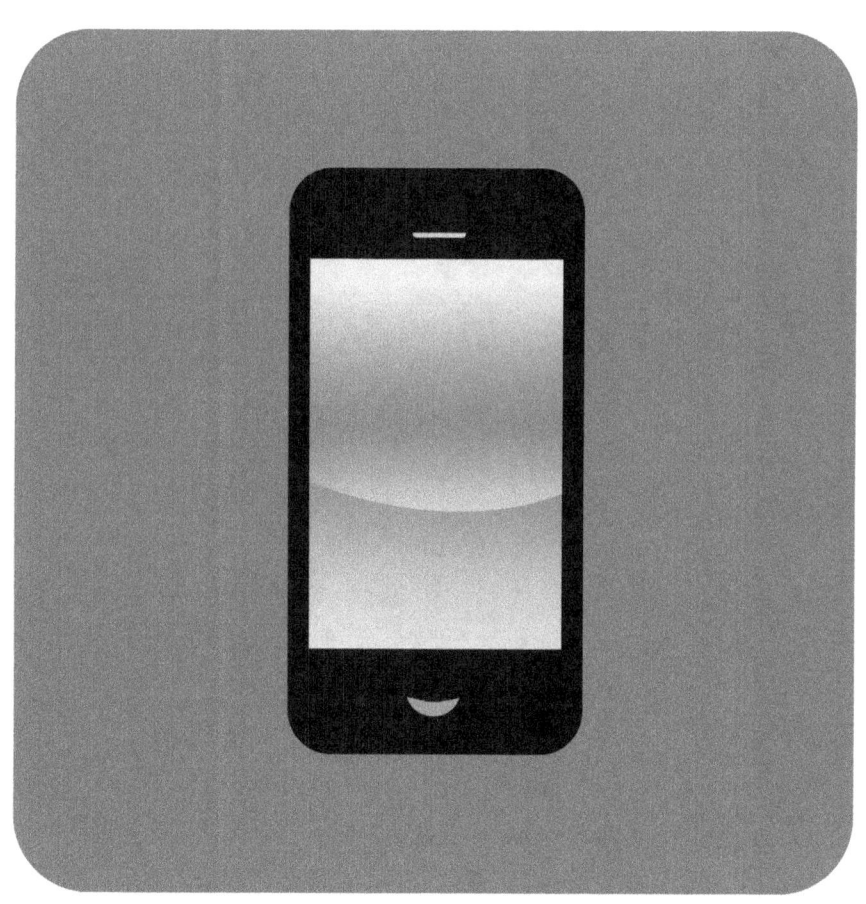

ESCOVA

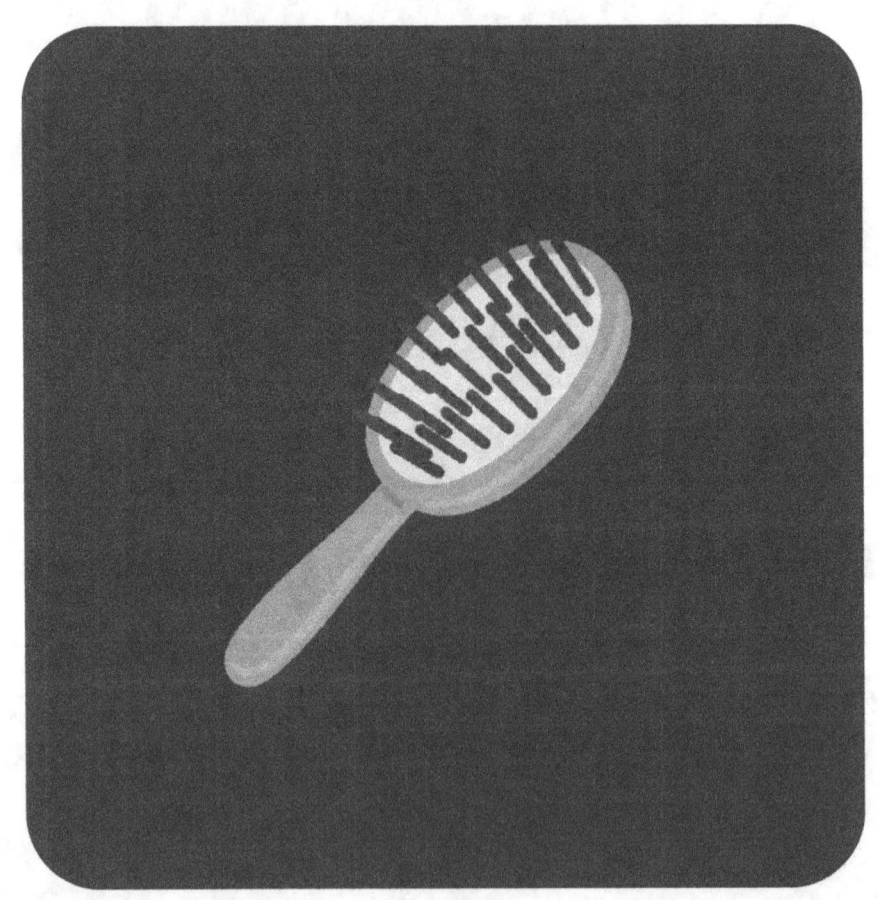

SAPATO

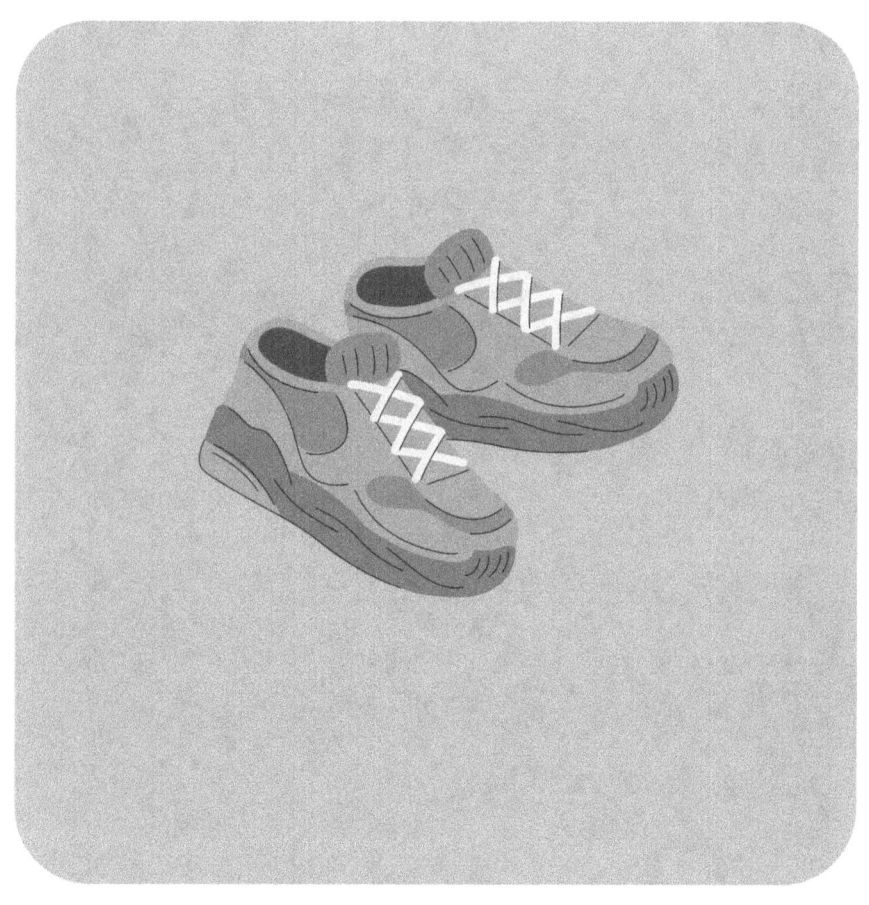

MEIA

CAMISA

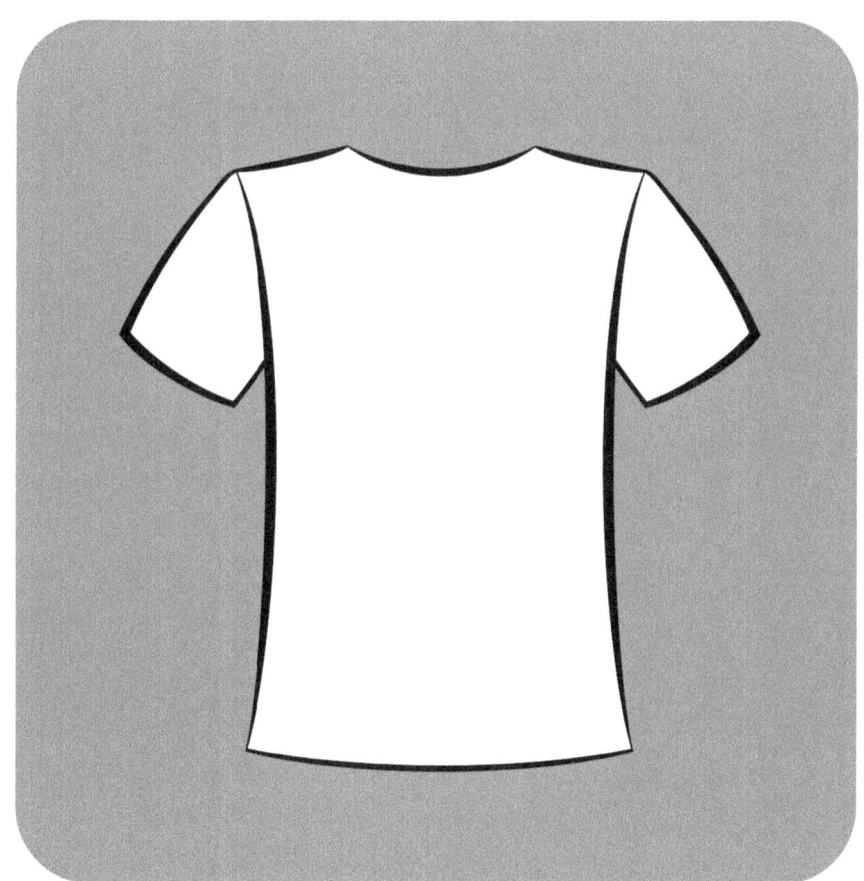

CALÇA

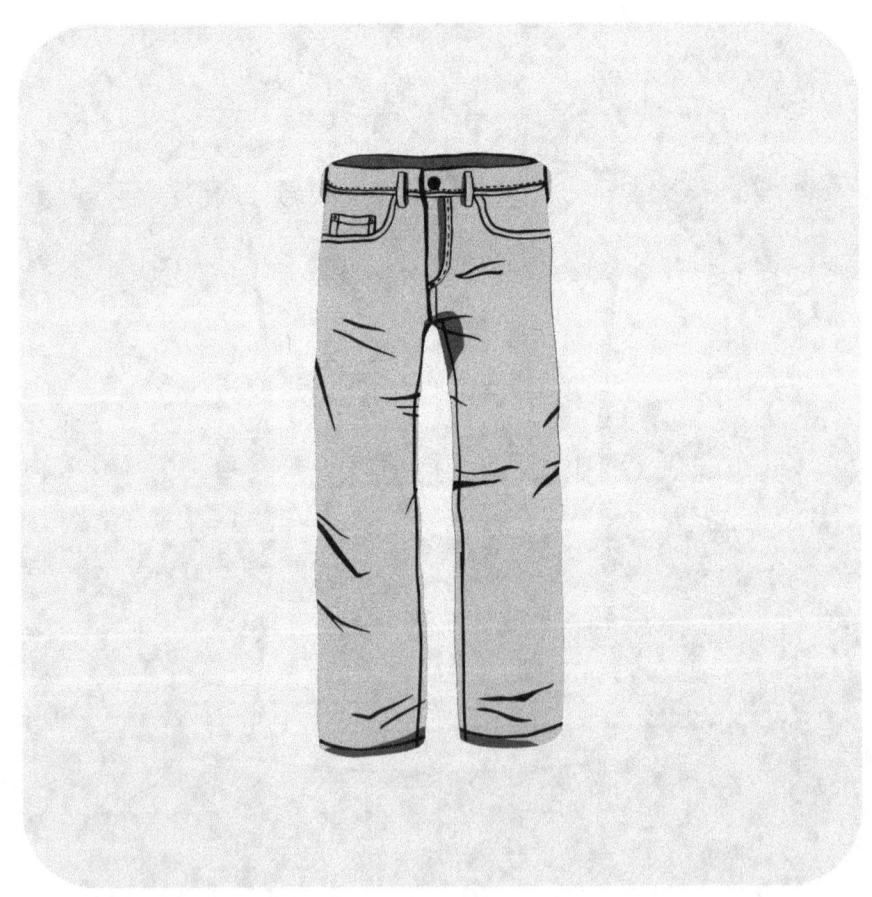

PENTE

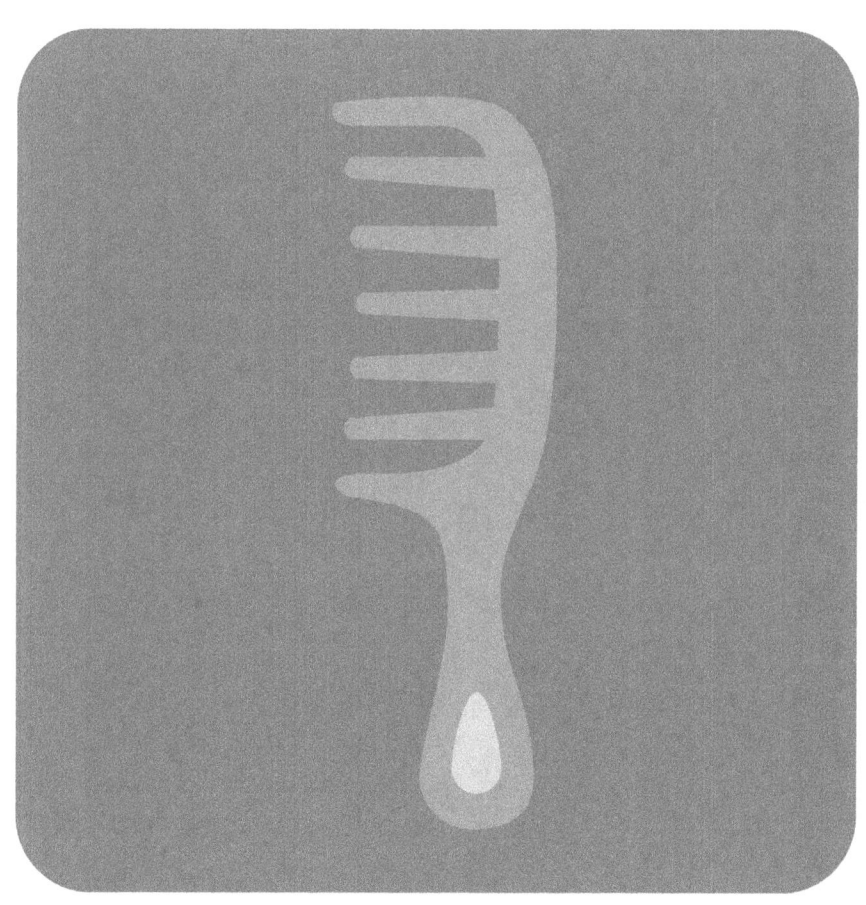

BONÉ

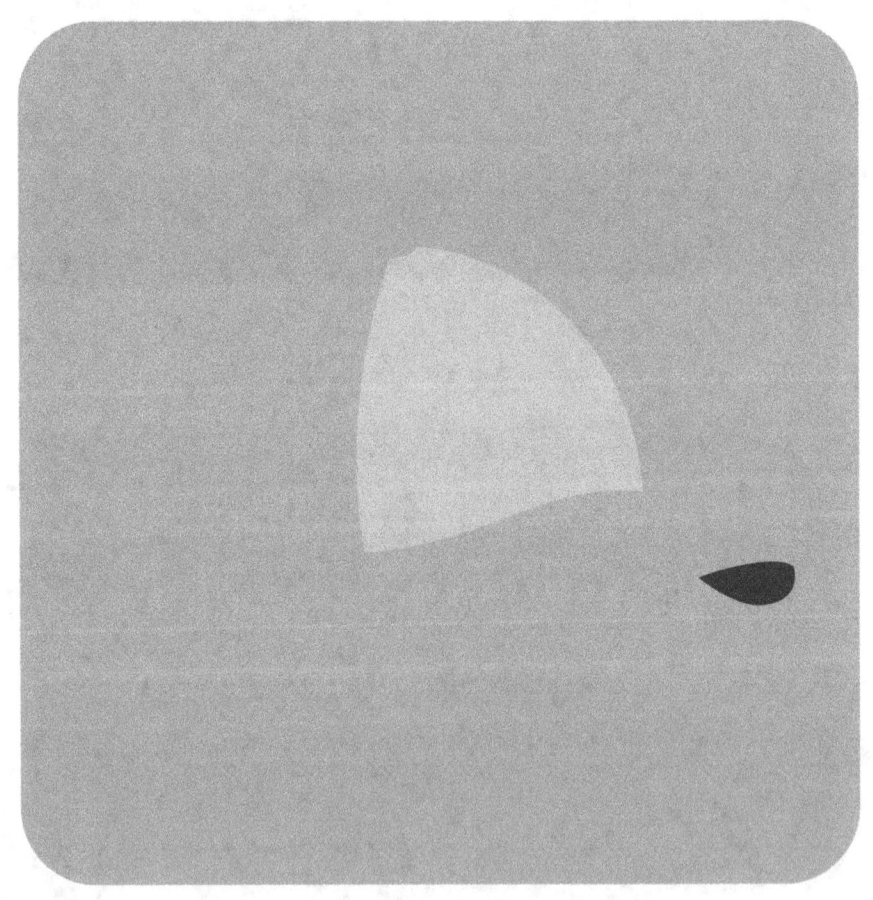

OCULOS

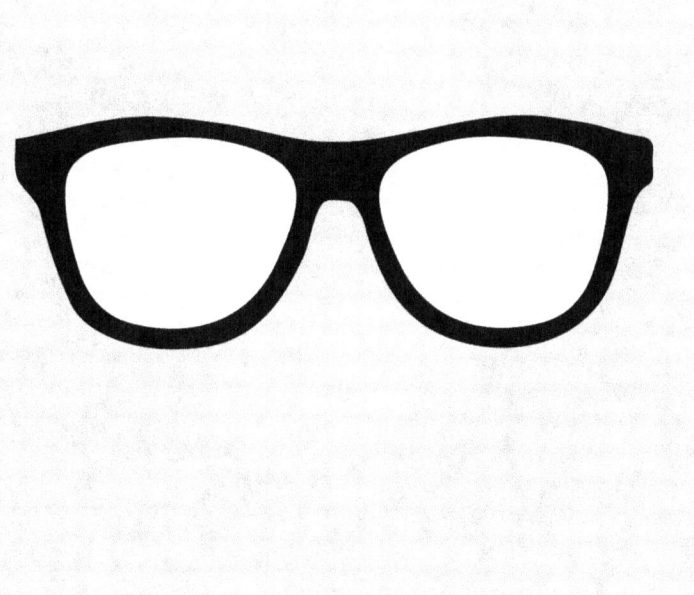

RELÓGIO

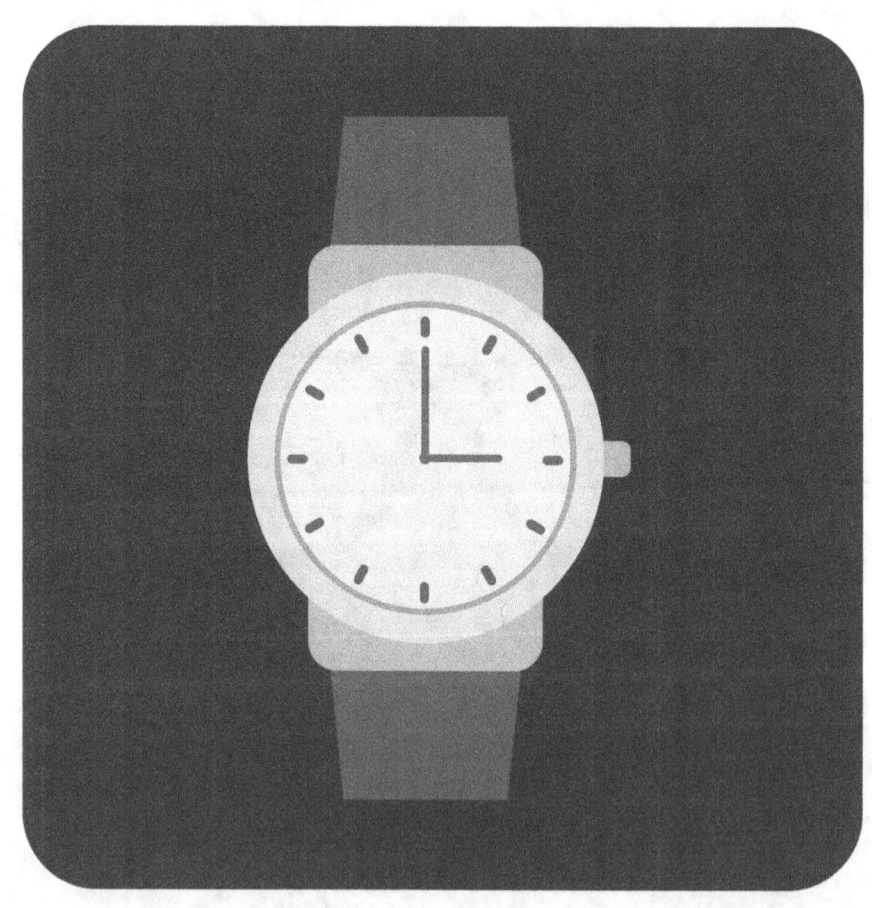

ESCOVA

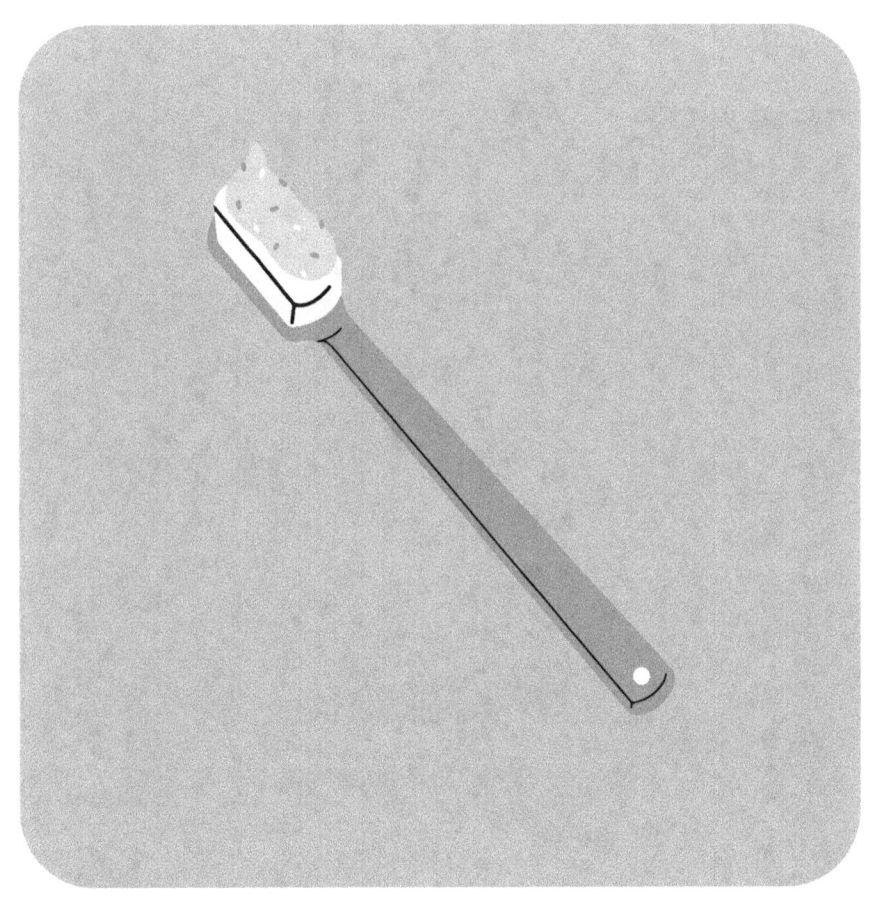

PASTA DE DENTE

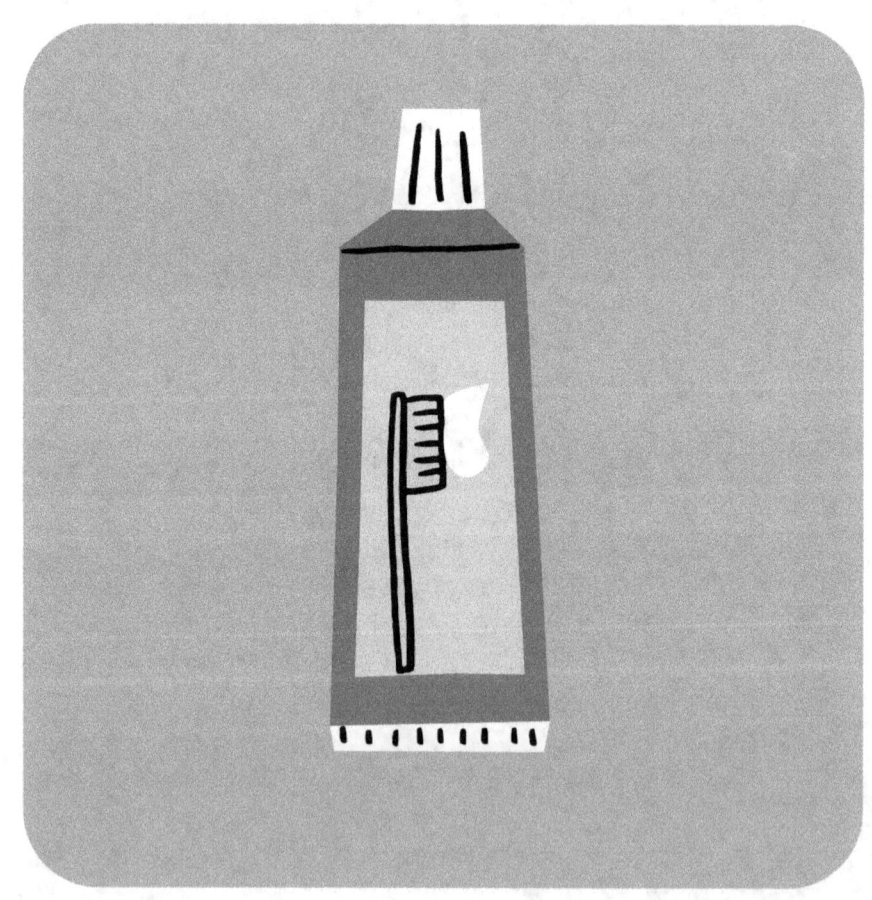

SABONETE

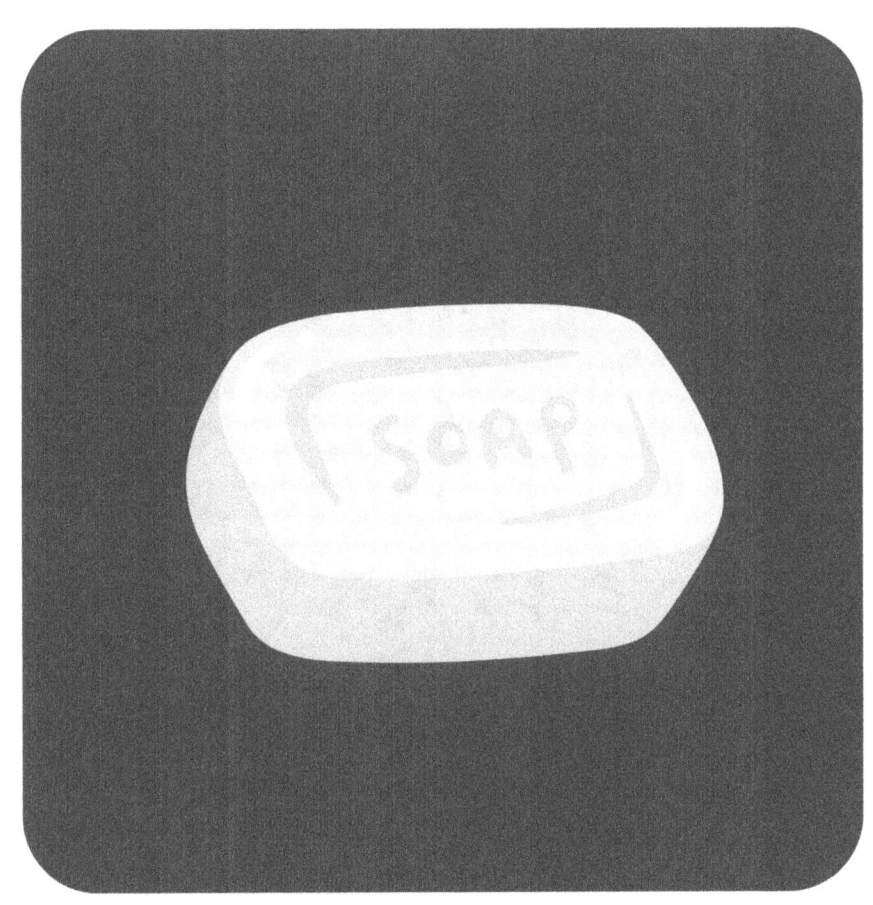

TOALHA

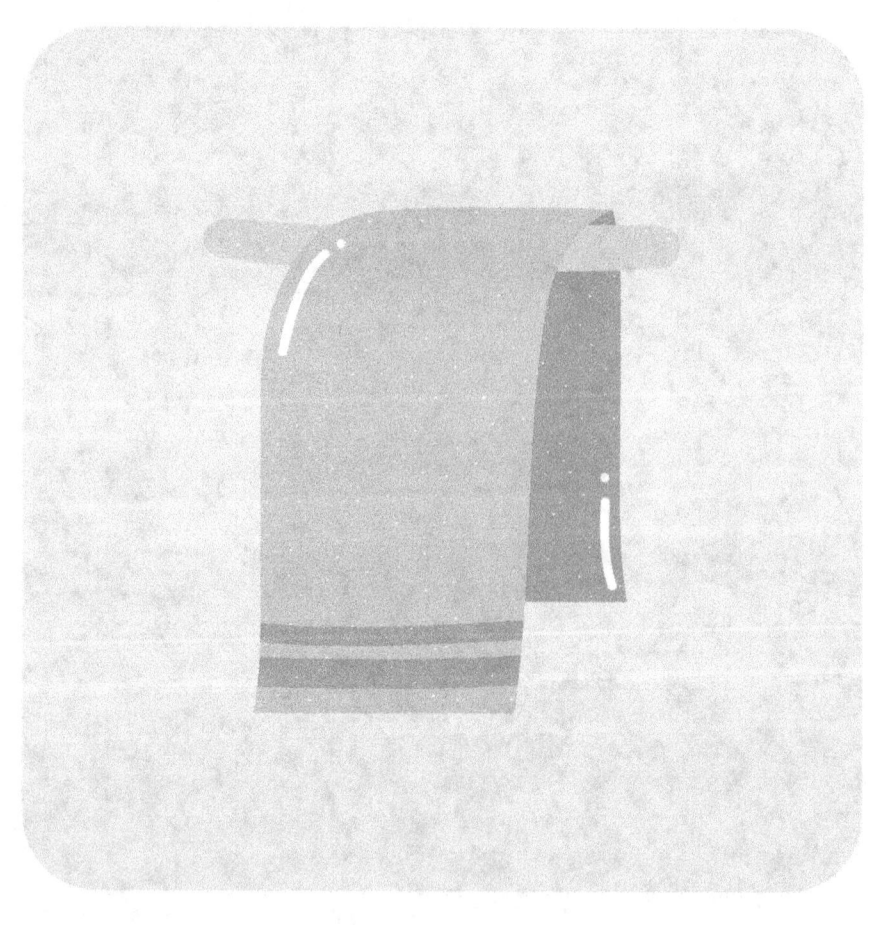

BANHEIRA

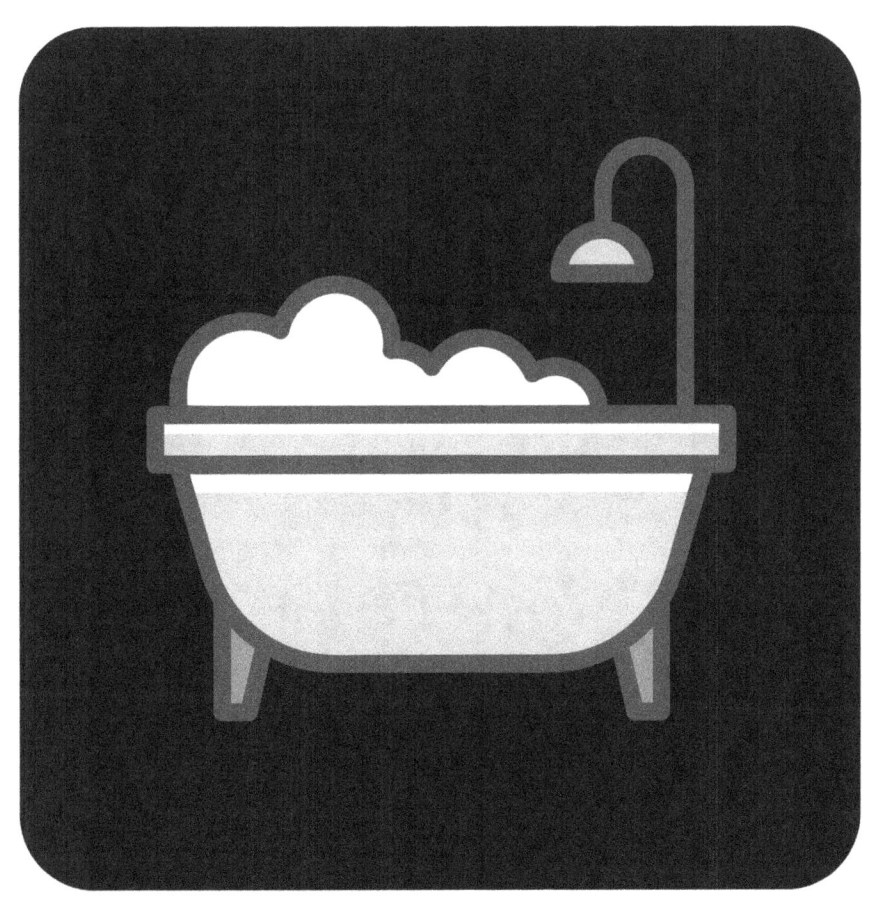

SHAMPOO

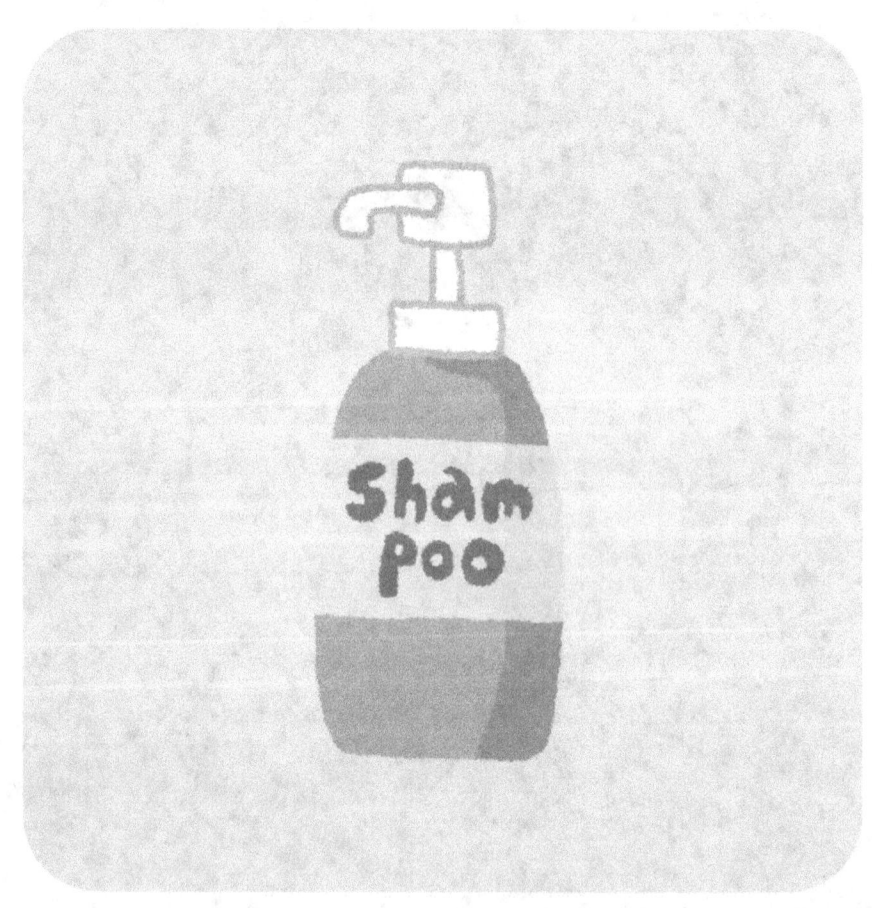

SECADOR

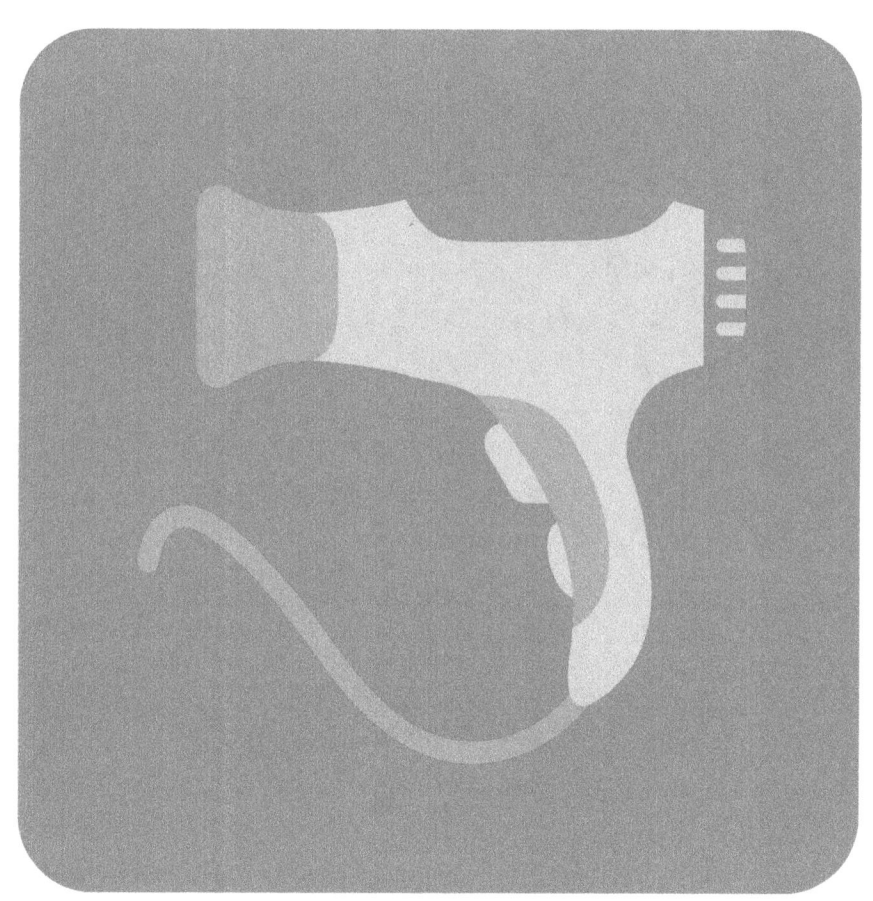

BOLSA

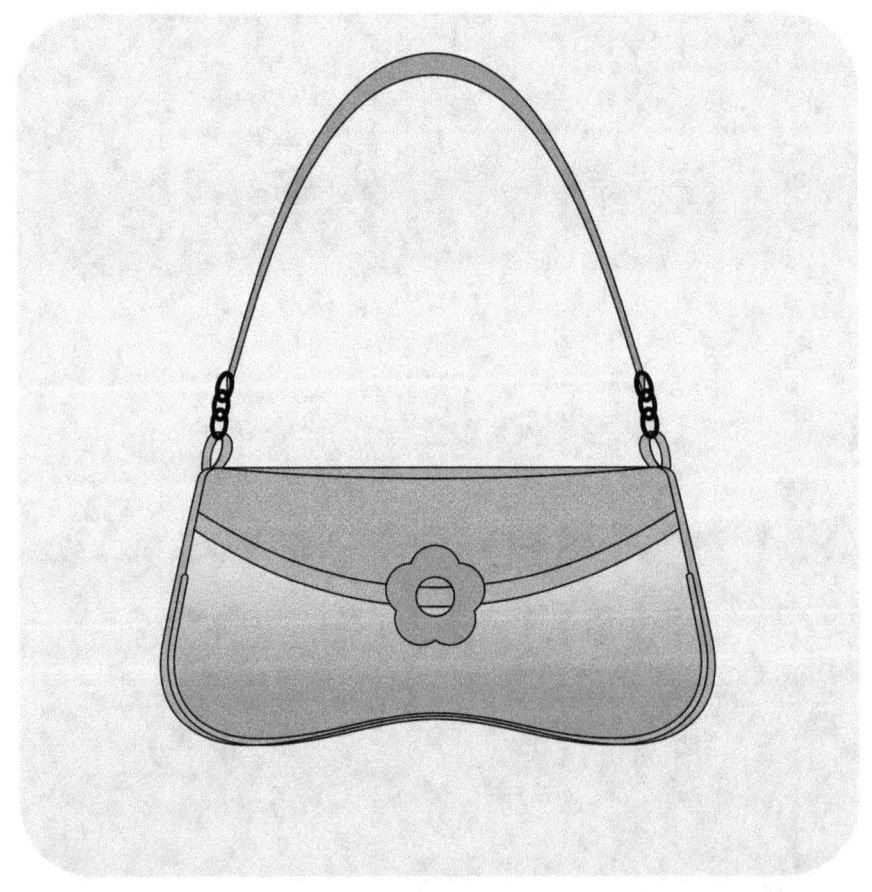

BICICLETA

CANECA

TESOURA

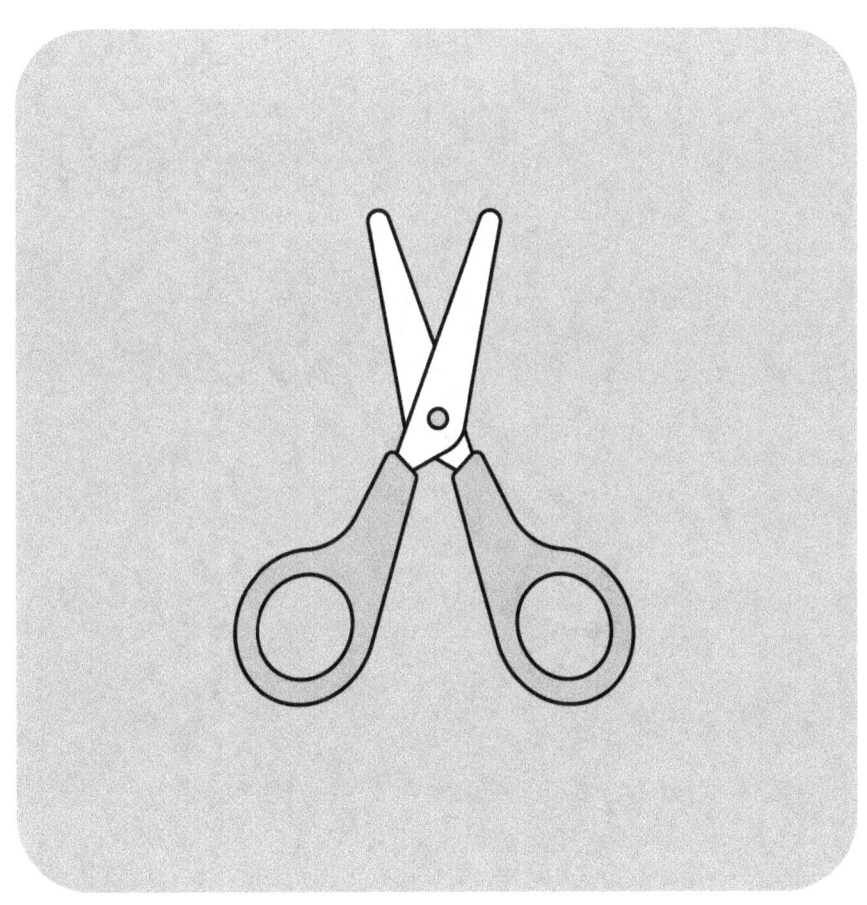

LÁPIS

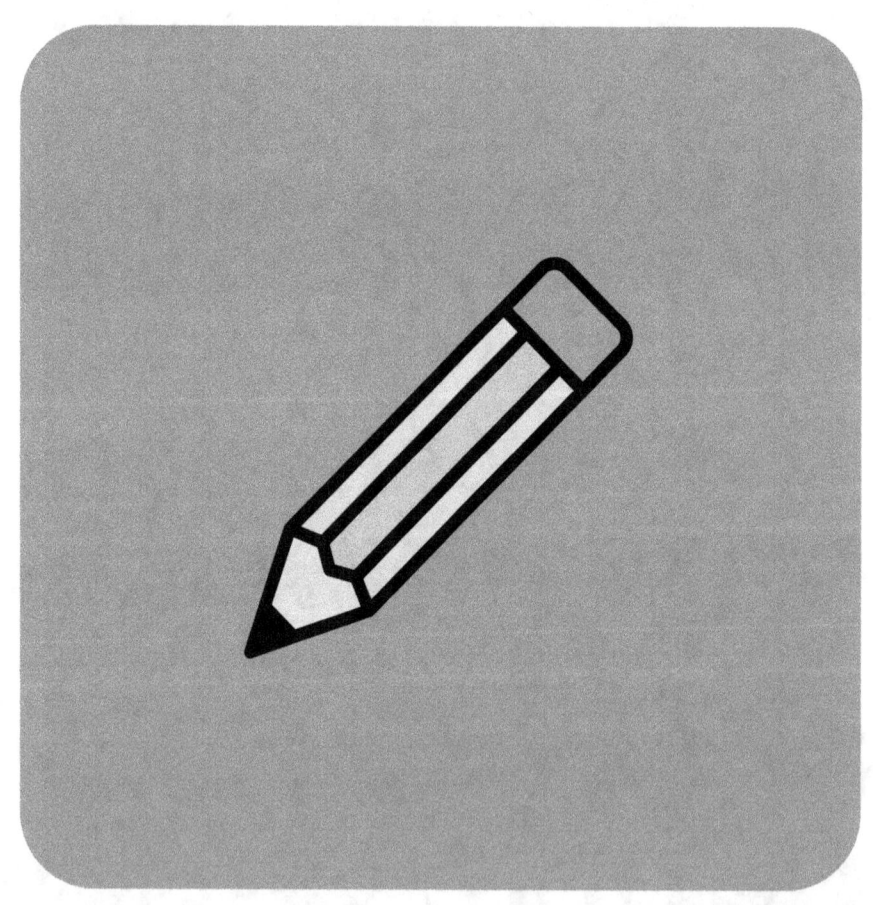

CANETA

CADERNO

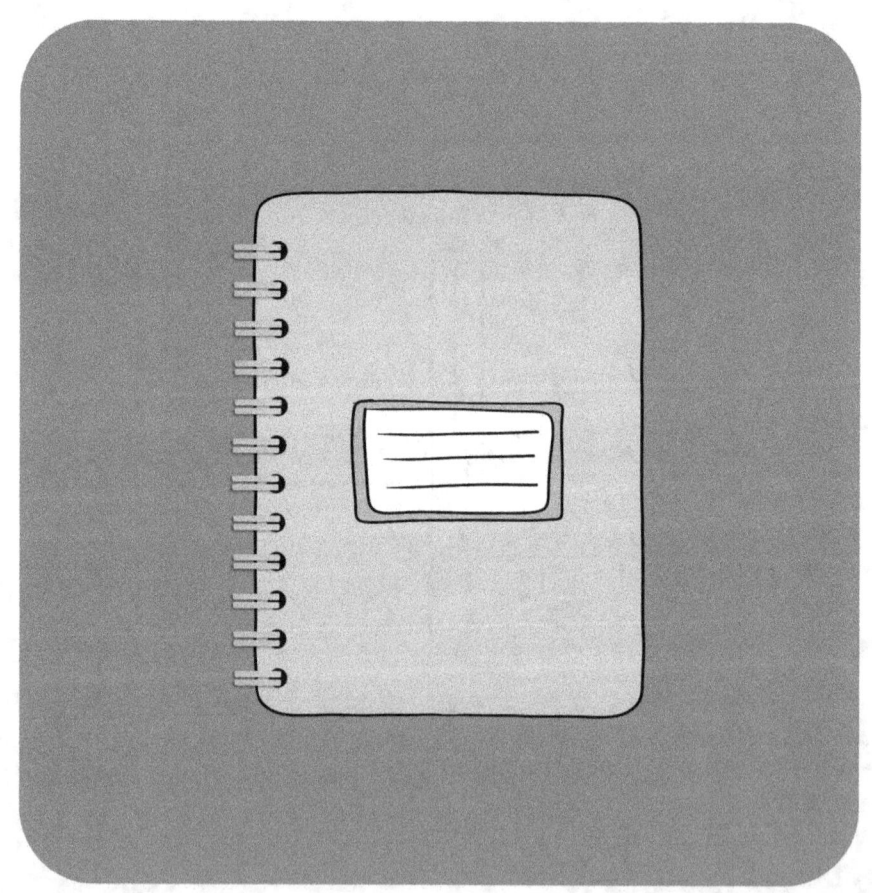

LIXEIRA

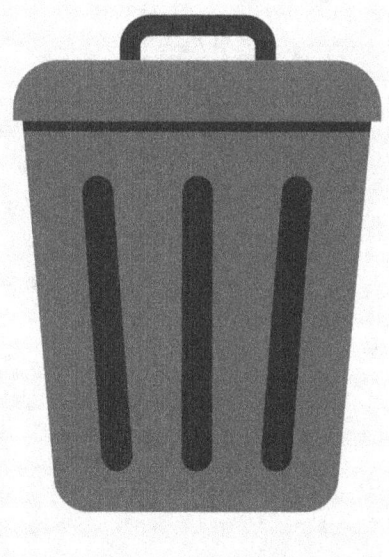

VASSOURA

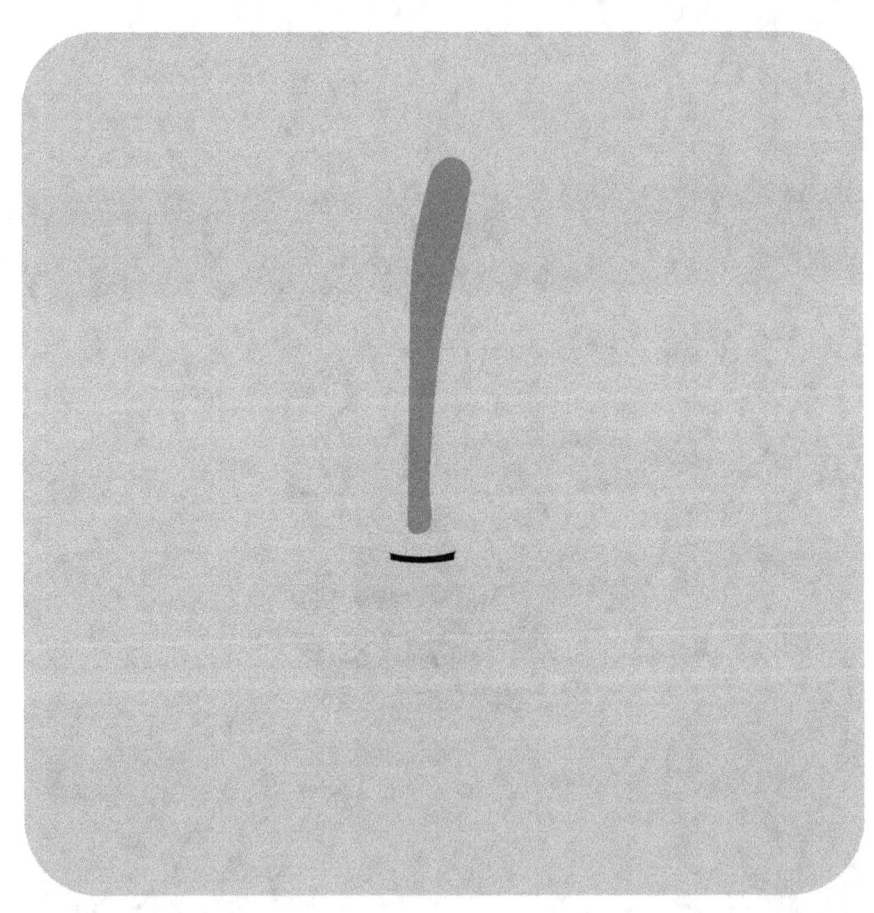

CONTROLE

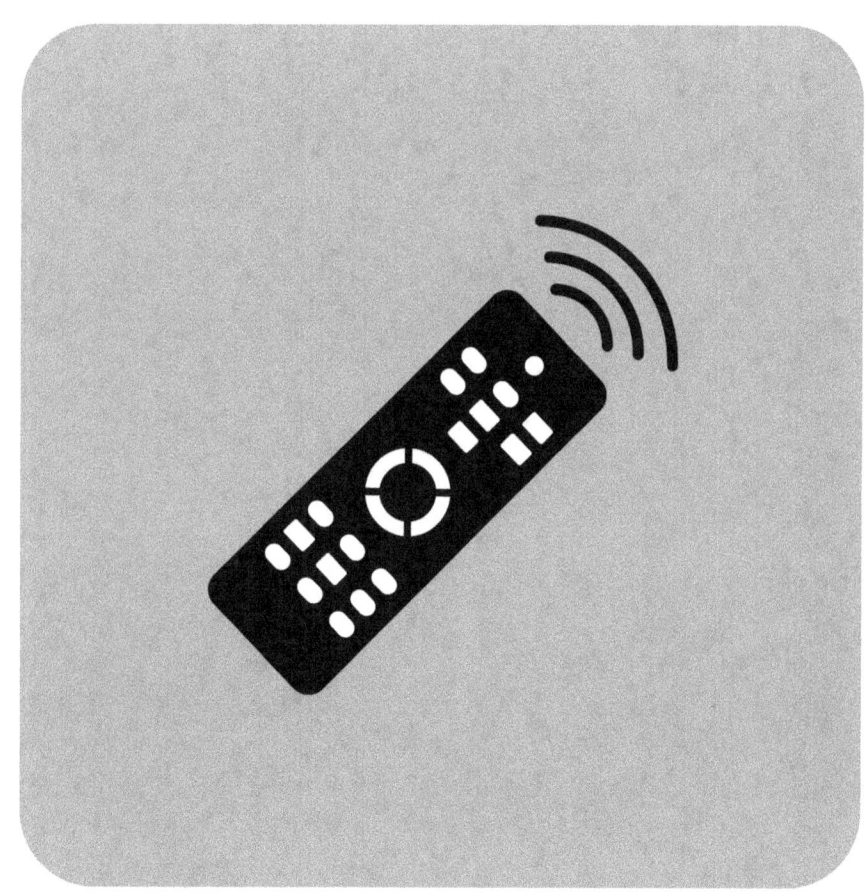

BALDE

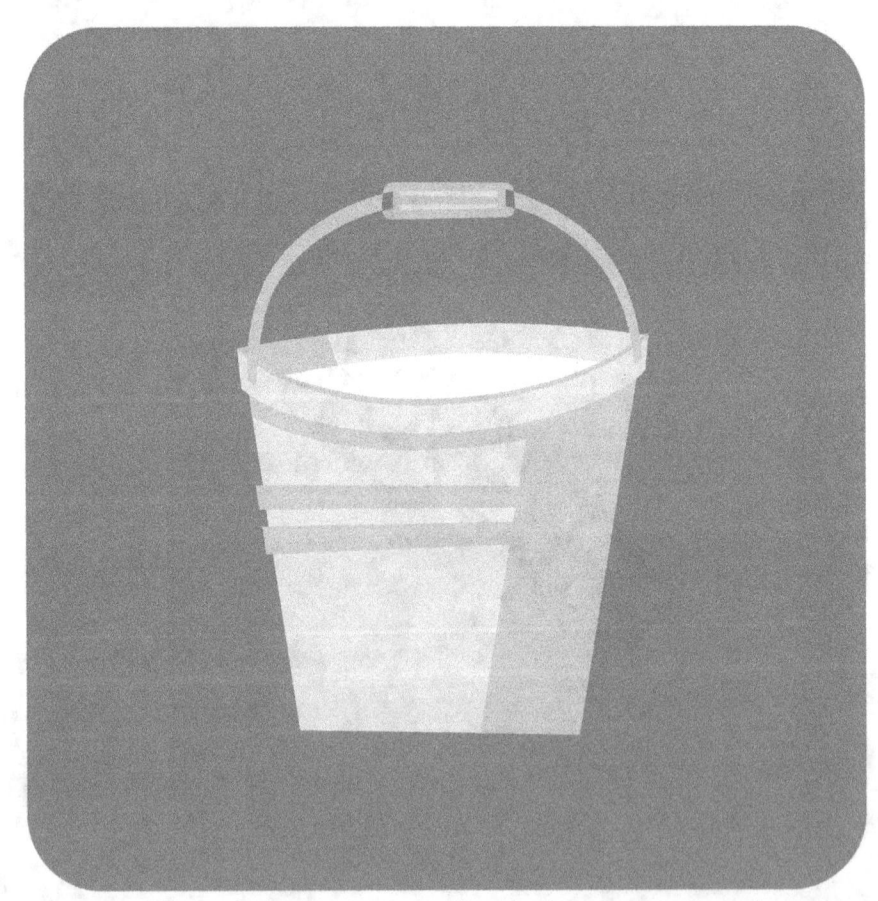

ESPELHO

FOGÃO

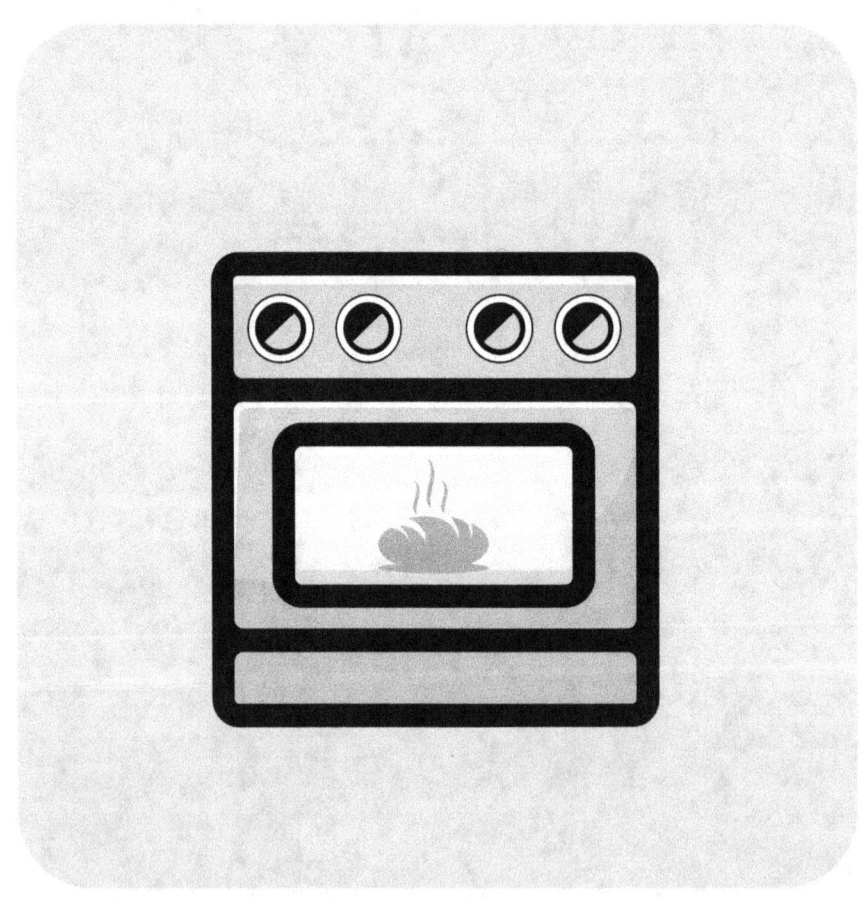

PANELA

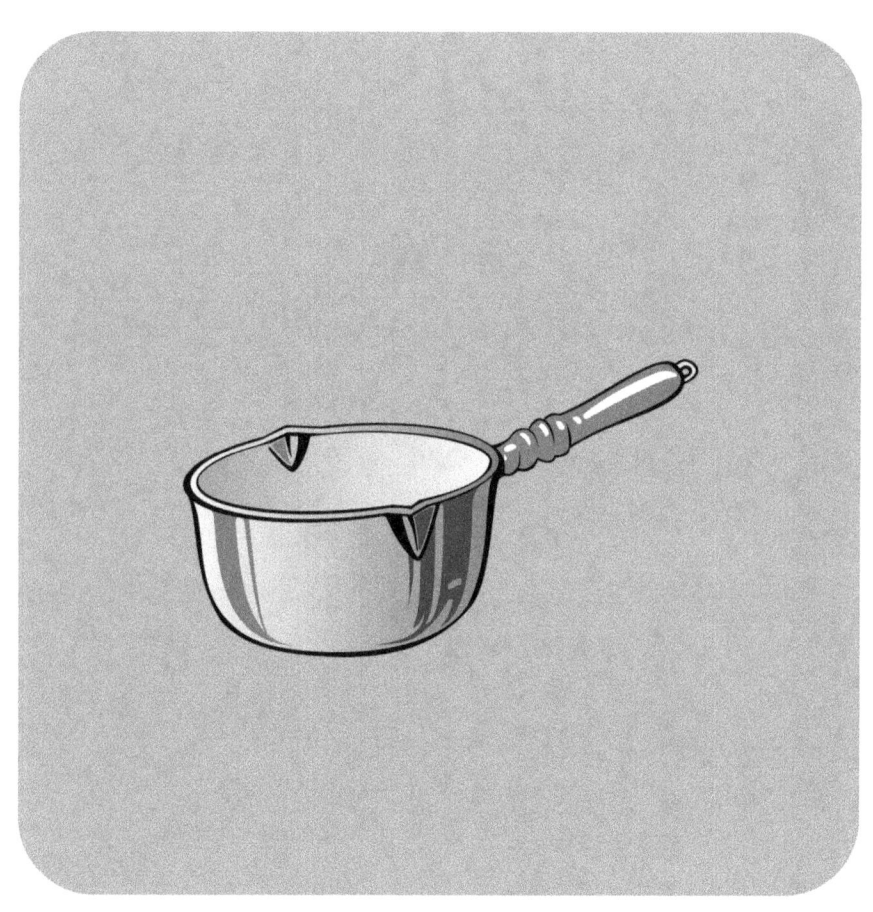

GELADEIRA

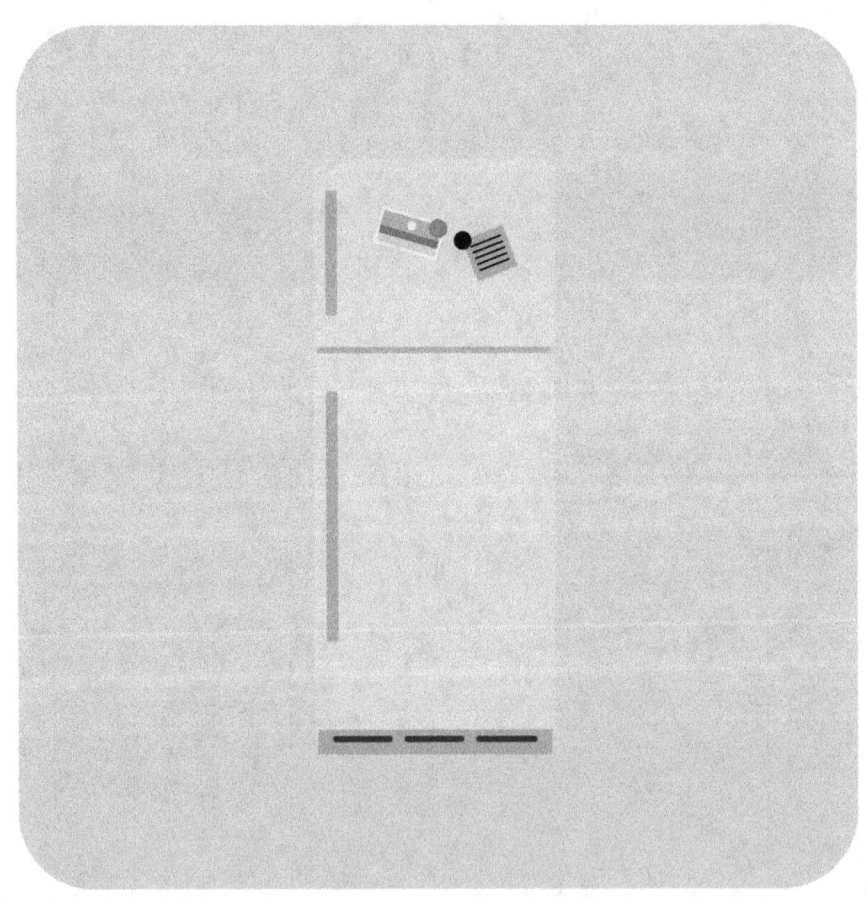

www.ingramcontent.com/pod-product-compliance
Lightning Source LLC
Chambersburg PA
CBHW062223220526
45471CB00009B/3317